Sociodidactique du plurilinguisme et de l'altérité inclusive

Peter Lang

Bruxelles · Bern · Berlin · New York · Oxford · Wien

Marie-Anne Châteaureynaud

Sociodidactique du plurilinguisme et de l'altérité inclusive

Des langues régionales aux langues des migrants

Champs didactiques plurilingues
Vol. 8

Publié avec le soutien de l'INSPE et du LAB-E3D de l'Université de Bordeaux.

Cette publication a fait l'objet d'une évaluation par les pairs.

Toute représentation ou reproduction, intégrale ou partielle, faite par quelque procédé que ce soit, sans le consentement de l'éditeur ou de ses ayants droit, est illégale. Tous les droits sont réservés.

© P.I.E. PETER LANG S.A.
Éditions scientifiques internationales
Bruxelles, 2022
1 avenue Maurice, B-1050 Bruxelles, Belgique
www.peterlang.com ; brussels@peterlang.com

ISSN 2593-6972
ISBN 978-2-8076-1816-9
ePDF 978-2-8076-1817-6
ePub 978-2-8076-1818-3
DOI 10.3726/b19354
D/2022/5678/01

Information bibliographique publiée par « Die Deutsche Nationalbibliothek »
« Die Deutsche Nationalbibliothek » répertorie cette publication dans la « Deutsche Nationalbibliografie » ; les données bibliographiques détaillées sont disponibles sur Internet sous ‹http://dnb.d-nb.de›.

Sommaire

Introduction 11

I Du monolinguisme exclusif à l'altérité linguistique inclusive 17

   I-1 Le constat 17
      I.1.1 Un monolinguisme d'état 17
      I.1.2 Exclusion linguistique en contexte scolaire 22
      I.1.3 Domination et uniformisation 23
      I.1.4 La non prise en compte du plurilinguisme
           des élèves. 25
   I.2 L'altérité linguistique 28
      I.2.1 Qu'est-ce-que l'altérité linguistique ? 28
      I.2.2 Changer le regard sur l'inclusion et l'inclusion
           linguistique 30
      I.2.3 Vers un autre modèle de société et une écologie des
           langues 33

**II Le rôle des langues de France dans l'ouverture au
plurilinguisme** 37

   II.1 Perspective diachronique : l'enseignement du basque et de
      l'occitan 37
      II.1.1 Histoire de l'enseignement de l'occitan ou histoire
           d'un enseignement alternatif 43
      II.1.2 Un exemple d'enseignement de l'occitan en contexte
           plurilingue et international : L'école occitane d'été 45
           La vie de l'école 46
      II.1.3 Histoire des maîtres bilingues : implication et
           inclusion 49
           La langue des maîtres 51
           Quels locuteurs ? 51

II.3 Plurilinguisme et altérité linguistique, le projet Euskocc .. 61
II.4 Projet Atxaga 68
    Le choix de la littérature de jeunesse 69
    Le choix de l'auteur 71
    L'expérience 74
II.5 Séminaires langues et retours d'expérimentations plurilingues : mémoires sur approches plurielles incluant les langues endogènes 75
    II.5.1 Les enquêtes 78
    II.5.2 Les expériences en classe 80

III Formation à l'altérité linguistique, propositions didactiques : les grands axes 83

III.1 Faire entrer dans la communauté discursive 83
III.2 Des ressources adaptées 86
III.3 Instauration d'une sécurité linguistique 87
III.4 Apports d'autres langues minorisées à une sociodidactique plurilingue 90

IV Sociodidactique du plurilinguisme 93

IV.1 Approches plurielles 93
IV.2 Développer une culture didactique plurilingue 95
IV.3 Le rôle de la littérature de jeunesse 98
VI.4 Favoriser l'émergence de projets plurilingues 102
    Projets occitans : diversité, numérique, culture, interdisciplinarité, plurilinguisme. 107
IV.5 Pour une formation plurilingue à la sociodidactique inclusive du plurilinguisme 118

Conclusion 123

Liste des abréviations récurrentes 125

Table des Schémas 127

Bibliographie 129

Remerciements

Mercés aus mens e aus qui m'acompanhan suu camin

Introduction

[...] λόγον δὲ μόνον ἄνθρωπος ἔχει τῶν ζῴων [...] ἡ δὲ τούτων κοινωνία ποιεῖ οἰκίαν καὶ πόλιν.

Aristote, dès le IVe siècle, attribue une place centrale au langage dans les relations sociales. Le philosophe grec, dans son traité *Politique* déclare que le langage propre à l'espèce humaine permet de faire famille et de faire cité. Parler, pouvoir s'exprimer dans une langue est ce qui nous relie aux autres et nous permet de construire des liens. Parler plusieurs langues, être plurilingue ouvre donc le champ des possibles et permet d'accéder à différents groupes et à différents univers. Apprendre une langue culture c'est aussi découvrir l'Autre, comme une initiation à l'altérité.

Cette initiation à l'altérité est une des missions de l'école qui constitue un lieu de transmission des langues : langues de scolarité, langues vivantes étrangères, langues « régionales », langues anciennes. Mais elle est aussi un lieu de contact entre ces langues. S'établissent alors des rapports de domination, de hiérarchie, qui conduisent à la minoration de certaines d'entre elles, ou même à l'exclusion.

La France entretient un rapport spécifique aux langues et à leur enseignement.

Ainsi la situation actuelle de l'enseignement des langues en France peut poser question à plusieurs titres : le peu de diversité dans les options proposées, le nombre d'heures limité d'enseignement par semaine dans l'enseignement primaire et secondaire, la dichotomie entre le discours officiel et la réalité du terrain en particulier liée au peu de moyens alloués.

Nos recherches en sociolinguistique puis sociodidactique nous amènent à établir un constat puis à envisager, dans le cadre d'une démarche linguistique qui pourrait être qualifiée d'interventionniste, de proposer des pistes pour remédier à cet état de fait peu satisfaisant. C'est dans ce cadre que nous nous interrogeons sur la place accordée aux langues en contexte scolaire : langues enseignées, langue étrangères, langues dites régionales, langue des élèves, etc.

S. Stratilaki-Klein (2019) précise ainsi :

> Dans le cadre de nombreux systèmes éducatifs, y compris le système éducatif français, le programme de l'école est davantage déterminé par le processus d'appropriation de la langue de scolarisation que par les rapports que cette langue pourrait entretenir avec les autres langues enseignées à l'école L2, L3 voire avec celles du répertoire langagier de l'élève. Cette importance accordée à la langue de scolarisation implique souvent un enseignement monolingue, sans référence explicite aux apprentissages possibles d'autres langues et aux cultures et littératures qui s'y rapportent.

Par ailleurs, les travaux récents de P. Blanchet (2017) et de C. Trimaille et J.M Eloy (2013) montrent les conséquences négatives de l'idéologie monolingue en France.

Enseignement et formation à l'enseignement de langues exogènes et endogènes comme l'occitan incitent à repenser les apports des langues régionales dans une perspective plurilingue et nous présentons des travaux de recherche menés dans l'académie de Bordeaux où sont enseignées deux langues endogènes l'occitan et le basque[1].

L'occitan, langue romane, est parlée dans 32 départements de l'État français, 12 vallées italiennes et bénéficie du statut de langue co-officielle en Val d'Aran, dans la Generalitat de Catalogne, en Espagne.

Dans l'académie de Bordeaux, l'occitan langue historique du territoire est actuellement enseignée dans les départements de la Gironde, des Landes, de Dordogne, du Lot-et-Garonne ainsi que d'une partie du département des Pyrénées-Atlantiques.

Le basque langue historique également, en Iparralde (en territoire français) concerne une partie du département des Pyrénées-Atlantiques mais également Hegoalde en Espagne : Euskadi et Navarre.

Aussi, nous avons choisi de présenter ici plusieurs expériences associant l'occitan, le basque et leurs relations au plurilinguisme en contexte scolaire afin de montrer les apports de ces langues à la culture et aux pratiques plurilingues. Outre leur intérêt intrinsèque et fondamental, elles permettent aussi aux élèves de se construire dans un univers mental plurilingue et elles les sensibilisent à la diversité linguistique. Elles leur

---

[1] Ces travaux de recherche ont donné lieu à l'habilitation à diriger des recherches.

Introduction

permettent de mieux aborder l'Autre, les autres et, actuellement dans les classes, d'accueillir de nombreux élèves allophones.

C'est cette dimension d'altérité linguistique encore souvent absente de la culture scolaire française qu'il nous semble intéressant de mettre en lumière dans une perspective d'évolution, et d'amélioration des pratiques. Deux de nos axes de recherche s'entrecroisent ainsi dans ces travaux : la sociodidactique de l'occitan, des langues minoritaires et le plurilinguisme.

Les apports de Marielle Rispail à la didactique des langues, en y intégrant une dimension sociale, en s'intéressant tant aux représentations de la langue qu'aux acteurs, ont permis d'envisager l'enseignement des langues sous un nouveau jour et de réévaluer leur situation dans le cadre scolaire, celui du prisme sociodidactique.

En France, outre celle du français, seule langue officielle, l'Éducation Nationale assure la transmission d'autres langues vivantes ou anciennes dans un cadre clairement défini.

Néanmoins, il apparaît que les langues « régionales » et les langues des minorités sont peu protégées par la législation. Divers textes proposent des arrêtés depuis 1951 où la loi dite Deixonne évoquait « l'enseignement des langues et dialectes locaux » autorisant les maîtres à « recourir aux parlers locaux (…) chaque fois qu'ils pourront en tirer profit pour leur enseignement, notamment pour l'étude de la langue française ». La situation dans l'enseignement des autres langues du territoire français a évolué et ces langues font désormais partie de l'offre linguistique scolaire. Cette offre s'étoffe encore depuis 2005 car l'État prend position pour une sensibilisation à la diversité linguistique et octroie des possibilités d'enseignement – ou plus exactement de sensibilisation – à diverses langues. Ainsi dans le premier degré, on soulignera dans ces textes la volonté de mener cette sensibilisation des élèves à la diversité des langues vivantes dès l'école maternelle, afin de familiariser les plus jeunes à l'écoute de sonorités liées à d'autres langues. Cette démarche prend appui, en particulier, sur les langues parlées autour de l'école et sur l'intérêt d'habituer très tôt (dès la maternelle) l'oreille des enfants aux différences de prononciation en leur faisant entendre d'autres langues, par le chant ou encore en leur proposant de petites interactions verbales. Le Cadre Européen Commun de Références en Langues, et les nouveaux programmes prônent de même un éveil linguistique.

Néanmoins, malgré ces dispositions de politique linguistique dans le contexte scolaire, la réalité des langues enseignées reste alarmante. Les conditions d'enseignement, la continuité pédagogique et les moyens alloués à l'enseignement de ces langues restent préoccupants.

Dans une première partie, nous allons plus en détail constater un état de domination linguistique et les conséquences néfastes qu'il entraîne sur la scolarité de nombreux élèves.

La question de la place des langues de France minorées et en particulier celle de l'occitan dans l'enseignement public a retenu notre attention ainsi que la place des langues minoritaires dans ce même cadre et la place des langues en général.

Quelle est l'existence du plurilinguisme dans le cadre scolaire ? Les langues permettent-elles l'inclusion ? Quel concept permettrait de développer l'inclusion en lien avec les langues ?

Ces interrogations nous ont donc incitée à mener une réflexion sur les liens entre langue, inclusion et plurilinguisme.

C'est le concept d'altérité linguistique qui nous a semblé opérant, tant d'un point de vue éthique que didactique, pour répondre à ces interrogations. En effet, il permet de mieux prendre en compte non seulement le cas de chaque langue mais encore, et surtout, celui des élèves locuteurs et apprenants.

Il établit un lien partant des langues dites régionales, langues minorées propres au territoire, jusqu'aux langues étrangères minorées également comme celles des migrants, voire même jusqu'à certaines variétés de français.

Puis, nous présenterons dans une deuxième partie, ce concept clairement à l'œuvre dans plusieurs études que nous avons menées dans l'académie de Bordeaux :

La première concerne l'histoire de l'enseignement de l'occitan, la deuxième une enquête menée auprès des enseignants de basque et d'occitan et leur relation au multilinguisme, la dernière concerne les compétences de lecture multilingues à partir d'une œuvre de littérature jeunesse basque de B. Atxaga. Nous choisirons aussi de présenter des exemples issus des mémoires de master des enseignants stagiaires que nous encadrons et qui dans les approches plurielles, incluent les langues régionales.

Introduction

La partie suivante sera consacrée à la formation à l'altérité linguistique et à la sociodidactique du plurilinguisme. Nous évoquerons des projets plurilingues français et internationaux.

Enfin, avant de conclure, nous élargirons le champ de la recherche pour une investigation d'autres expériences, nationales et internationales qui permettent aussi de développer la diversité linguistique, la sensibilité au plurilinguisme et l'inclusion et en particulier dans la formation des enseignants.

I
Du monolinguisme exclusif à l'altérité linguistique inclusive

Il semble nécessaire de commencer par dresser un constat de la situation des langues dans le système scolaire français. En effet, d'un point de vue sociolinguistique et diachronique nous examinerons le monolinguisme prégnant. Puis, nous nous intéresserons aux conséquences néfastes qu'il entraîne sur la scolarité de nombreux élèves :

I-1 Le constat

Nos recherches récentes nous ont amenée à interroger le monolinguisme d'état qui semble caractériser la relation aux autres langues dans le contexte scolaire français. Comme ont été exclues de la classe, par le passé, les langues régionales, sont exclues aujourd'hui, le plus souvent, les langues des migrants. Ce parallèle n'est pas toujours fait, car il existe assez peu de ponts entre la recherche sur les langues minoritaires de France et celle sur les enfants allophones, pourtant la sociolinguistique du français montre clairement une relation spécifique du français aux autres langues, avec P. Blanchet et M. Kervran (2016).

I.1.1 Un monolinguisme d'état

Dans le prologue de la grammaire castillane en 1492, le premier grammairien espagnol A. de Nebrija déclare : « *Siempre la lengua fue compañera del imperio* » : la langue a toujours accompagné l'empire. L'humaniste andalou formule là, de façon très claire, une analyse sociolinguistique (avant l'heure) et établit ainsi un lien entre pouvoir et langue. Il en conclut que l'expansion d'une langue est liée à la puissance politique et économique de sa culture. Il s'appuie sur des exemples historiques, tel que celui de la romanisation et en déduit ainsi la future diffusion du castillan, non seulement sur les territoires conquis et reconquis de la péninsule, mais aussi sur les territoires à découvrir. Ce qui s'est confirmé dans le siècle suivant avec l'hispanisation des terres découvertes en Amérique. Le pouvoir s'associe donc à une langue qui le représente, assure son implantation et sa pérennisation. Le pouvoir octroie ainsi à sa propre langue une légitimité, assurée par un statut et une autorité sur le territoire qu'il domine. Outre l'étude descriptive de la langue, le grammairien andalou met en perspective la diffusion de la langue, et donc ses usages et locuteurs potentiels. Il l'envisage dans ses relations aux autres langues des territoires concernés. Cette analyse diachronique des relations entre les langues a constitué dans notre réflexion une clarification de l'importance des liens entre langue et pouvoir. C'est une formulation, avant la sociologie contemporaine, de la domination linguistique.

L'analyse d'A. de Nebrija reste valable encore aujourd'hui car elle permet de mieux comprendre les rapports entre les langues et en particulier dans le contexte français.

Les travaux sur l'histoire de la langue française montrent bien les étapes de l'installation d'une idéologie monolingue en France. P. Sauzet (2019 p. 2) précise qu'au Moyen-Âge :

> « Le français est certes symboliquement la langue « del rei nòstre senhor », (du roi notre seigneur), mais c'est pour la population une langue étrangère. La situation linguistique change au XVIe siècle. L'état royal a évolué d'un modèle féodal vers un modèle moderne, appuyé sur un maillage administratif dans lequel la langue du roi n'est plus seulement symbole, mais instrument pratique. L'ordonnance royale de Villers-Cotterêts, en 1539 enregistre et verrouille cette évolution. Seul le « langage maternel français » aura dorénavant force de loi, non pas tant pour que les justiciables comprennent les décisions qui les concernent que pour que le pouvoir soit assuré du sens des décisions prises en son nom. Il en va encore ainsi aujourd'hui. Corrélativement, l'usage du français devient une marque de loyauté politique des élites et un marqueur de distinction sociale. »

Au fil des siècles, le français va subir une codification normative intense, imposée par les élites (Malherbe, Boileau, es grammairiens…) et l'État (l'Académie française fondée en 1635 pour censurer la littérature et la langue), qui le fixent lentement dans un ensemble de formes éloignées des variétés populaires. (P. Blanchet 2016).

Pour le sociolinguiste, l'orthographe est un témoignage de cette volonté de sélection sociale.

Il met aussi en lumière l'essor de la langue au XVIIe siècle. Langue de cour, le français est encore très peu pratiqué dans les provinces, notamment celles de langue d'oc.

Langue des élites et de la cour, le français verra son prestige renforcé encore par Louis XIV et le verra s'étendre à d'autres cours européennes grâce à la diffusion de la philosophie des lumières. C'est, dès lors, la langue de la déclaration universelle des droits de l'homme. L'influence française se fera croissante et, avec elle, l'aura de sa langue.

La langue a toujours accompagné l'empire, et le français en est un exemple, et ainsi il a accompagné le pouvoir absolu. Son histoire continue lorsqu'il accompagne aussi le nouveau pouvoir, celui mis en place par la révolution française, et plus tard celui de la colonisation.

La politique linguistique va renforcer encore l'identification entre la langue et l'État Nation, et aucune place n'est faite aux autres langues présentes sur le territoire qui devront selon les termes de l'abbé Grégoire être « anéanties ». Leur désignation même : « patois[2] » tend à renforcer la justification de leur anéantissement. N'étant pas dignes d'être appelées langues, elles sont toutes confondues et n'existent que par opposition à la seule vraie langue, la langue nationale, le français. Comme hors de Paris, tout territoire est province, hors du français toute langue devient patois, M.A. Châteaureynaud (1999). J. F. Couroau (2005) a montré « comment le terme patois signale « un individu par une inadéquation avec la norme du groupe majoritaire, dominant, celui qui produit l'énoncé où patois apparaît » ». Le linguiste J. Petit (1998) a précisé que la prétention de la langue française à l'universalité s'accompagne nécessairement d'une intolérance croissante envers les autres langues. Certes, il faut distinguer l'universalité réelle du français (acquise au XVIe et XVIIe siècle) qui est celle d'une langue des élites et l'universalité populaire, la généralisation dans la population rêvée par Grégoire et réalisée par Ferry.

La République va soupçonner les patois d'empêcher les élèves « d'adhérer au projet républicain » et l'usage des autres langues du territoire sera puni dans les écoles. Une situation qui a perduré, puisque les locuteurs les plus âgés de ces langues évoquent les punitions subies dans le système scolaire, à chaque emploi de leur langue maternelle.

---

[2] L'importance du glossonyme est fondamentale.

Selon P. Blanchet encore, « L'école est chargée de la francisation rapide (et violente) des enfants de France. » Cette sacralisation du monolinguisme de langue française, cette exclusion de toute autre langue et de toute diversité linguistique (puis socioculturelle : on uniformise progressivement l'heure, les poids et mesures, les lois, etc.), est l'une des bases idéologiques clés qui sous-tendent la diffusion, les pratiques et les représentations du français jusqu'à aujourd'hui. On assiste à une forme de sanctuarisation de l'orthographe décrite également par P. Chervel (1977).

Selon C. Lagarde (2019), l'état français promeut le monolinguisme et il montre comment cette idéologie s'est diffusée dans la pensée majoritaire.

Il revient également sur les derniers débats législatifs concernant les langues de France et constate que jusque dans les années 90 les langues de France ont été assez étouffées, les langues de l'immigration écartées, le rôle international du français perdu face à l'anglais, ce qui a entraîné une politique de préservation de la regrettée « grandeur de la France » et de sa langue nationale.

La question du statut du français et des langues de France est donc centrale.

P. Sauzet (2012 p .90) précise également :

« L'occitan n'a pas, bien sûr, le statut de langue officielle d'un État dont le français jouit au moins depuis Villers-Cotterêts (1539). Ce statut n'est proclamé que depuis 1992 où l'article 2 de la Constitution commence désormais par la formule « La langue de la République est le français ». L'ajout plus récent encore à la Constitution (article 75-1) d'une mention des langues régionales (non nommées individuellement et sans que soient définis de droits corrélatifs à cette reconnaissance) comme appartenant au « patrimoine de la France » entérine une disparité essentielle entre une langue nommée et consubstantielle à l'État et à sa forme républicaine et une foule indéterminée d'autres qui sont rangées sur les étagères du patrimoine ».

Par ailleurs, P. Sauzet montre comment ce monolinguisme d'état permet au français lui-même d'apparaître en victime : c'est le français qui est menacé et cette menace peut donc justifier une réduction de la diversité linguistique. Poussée à ses extrémités, l'idéologie monolingue a donc fini par produire un rejet des autres langues. Ce rejet reste un fonctionnement central considéré comme « normal » qui filtre et structure l'accès à l'ascension sociale, au pouvoir politique, économique et intellectuel.

En France, le monolinguisme d'état, peut-être depuis l'absolutisme, se conjugue avec une idéologie de la norme très forte. La sacralisation de l'orthographe se traduit par la suprématie de l'écrit sur l'oral, suprématie qui creuse un fossé toujours plus important entre la langue écrite et la langue orale. C'est une source de difficultés scolaires importantes puisque dans notre système éducatif, l'écrit est discriminant, comme l'a montré clairement P. Rayou (2015) dans ses recherches sur la lecture, les évaluations étant le plus souvent écrites. Seule la variété standard est acceptée. La langue, comme l'a également montré P. Bourdieu, est un marqueur social fort et à ce titre, elle peut être vecteur d'exclusion, ce dont témoignent encore les travaux de C. Trimaille et J.M. Eloy (2013).

Les indices de classe, d'appartenance géographique, sociale, identitaire, révélés dans la langue peuvent entraîner dans ce contexte fortement monolingue et normatif, des discriminations.

Les étrangers qui apprennent le français ou le pratiquent avec accent en font régulièrement l'expérience : une étudiante salvadorienne témoigne lors d'un séminaire sur ces questions de discrimination linguistique « *Dans mon milieu professionnel, comme je parle avec un accent espagnol on me prend pour une idiote et on pense que je ne suis pas compétente.*[3] »

Un accent régional marqué est également très vite discriminé et de nombreux témoignages apparaissent dès que cette question de la glottophobie est évoquée.

Le standard national prime toujours sur les autres variétés linguistiques. A cet égard, la parole très normée des journalistes de la télévision ou des radios nationales est révélatrice de la puissance de la norme puisque tout accent régional ou différent en est banni. Pour accéder à des postes de pouvoir, il faut utiliser un français très standard et très normé. Il s'agit bien d'une norme très prescriptive. H. Boyer (2016) y fait référence et déclare même que la stigmatisation sociolinguistique peut aller jusqu'à une « illégitimation politico-médiatique ».

L'idéologie monolingue et normative discrédite donc toute différence qu'elle considère comme une déviance. Ces discriminations font écho aux textes d'A. Gohard-Radenkovic (2014) qui évoquent « les mauvaises

---

[3] Paroles recueillies en 2018 Séminaire Langue ESPE d'Aquitaine.

langues » : Nous avons vu qu'une "mauvaise langue" n'existait pas en soi et qu'elle s'inscrivait toujours dans un binôme oppositionnel "langue légitime vs langue non légitime", "bonne langue vs mauvaise langue".

Elle cite l'ouvrage d'A. Tabouret-Keller, intitulé *Le bilinguisme en procès* (1840-1940). L'auteure s'intéresse aux conditions d'émergence de la conception d'un "bilinguisme nocif", qui persiste jusqu'à nos jours.

Après cet aperçu du contexte général, nous souhaitons nous centrer davantage sur le monde scolaire et chercher à percevoir si ce monolinguisme d'état agit également dans les classes et sous quelle forme.

I.1.2 Exclusion linguistique en contexte scolaire

Nous nous intéresserons donc aux langues minoritaires dans le système scolaire, l'occitan dans un premier temps, puis nous nous interrogerons sur la place faite aux langues des élèves allophones et bilingues/biculturels.

P. Martel, historien, écrit en (2007 p. 2) dans *L'école française et l'occitan* :

> « *Le Français sera seul en usage dans l'école*. Cet alexandrin boiteux, article 14 du règlement type des écoles de Jules Ferry, décrétait, sans le dire ouvertement, l'exclusion totale des langues de France, dont l'occitan. Et pourtant, plus d'un siècle plus tard, et après des décennies de revendications, ces langues ont une (toute petite) place dans le système éducatif français. »

Pour prendre la mesure de cette situation, dans le cadre de notre projet *l'élève en son île*, nous avons abordé cette question en 2017 (M.A. Châteaureynaud) et montré que l'histoire des textes officiels qui régissent l'enseignement des langues de France traduit son évolution.

Comme nous l'avons évoqué, L'Éducation Nationale assure la transmission de langues étrangères dans un cadre clairement défini, en revanche les langues « régionales » et les langues des minorités sont peu protégées par la législation. La loi Deixonne (1951) applicable dans un premier temps au breton, au basque, au catalan et à la langue d'oc, sera modifiée par des décrets ultérieurs et s'appliquera dès lors au corse (1974), au tahitien (1981), aux langues régionales d'Alsace (1988), aux langues régionales des pays mosellans (1991), aux langues mélanésiennes (1992) et au créole (2002). Une étape importante apparaît plus tard avec la Loi d'orientation et de programme pour l'avenir de l'école de 2005[4]. Cette

---

[4] Loi n° 2005-380, le 23 avril 2005, article L 312-10. JO du 24 avril 2005(BOEN n° 18, 5 mai 2005).

loi stipule qu'« un enseignement de langues et cultures régionales peut être dispensé tout au long de la scolarité selon des modalités définies par voie de convention entre l'État et les collectivités territoriales où ces langues sont en usage ». Si les textes officiels fixent le cadre de cet enseignement la mise en pratique est souvent peu satisfaisante, car outre des adaptations par les établissements, quelles que soient les modalités de l'enseignement de ces langues (optionnel, à parité horaire dans les écoles publiques, ou immersif associatif), les difficultés rencontrées témoignent de leur absence de statut officiel.

Le concept de domination linguistique pour être assez décrit et soumis à certaines formes de régulation n'en est pas pour autant remis en cause. Ainsi, dans les classes, cette domination prend diverses formes.

I.1.3 Domination et uniformisation

Plusieurs études montrent cette domination linguistique et les chiffres disponibles les plus récents concernent 2015, selon l'Union Européenne. Il semble probable que les tendances n'aient pas radicalement changé depuis. Les statistiques font état d'une forte domination de l'anglais dans l'apprentissage des langues en Europe. Cet apprentissage obligatoire dans plusieurs pays, parfois optionnel dans d'autres, laisse peu de place aux autres langues, qu'elles soient officielles ou non dans l'Union Européenne, reconnues ou minoritaires. Dans plusieurs pays européens, 100 % des élèves apprennent l'anglais dès l'école primaire. Si l'importance de pratiquer une langue aussi utilisée n'est pas remise en cause, en revanche sa pratique ne devrait pas limiter l'apprentissage d'autres langues. En France, les langues enseignées sont peu nombreuses à l'École publique : les langues minorisées (le terme *régionales* souvent employé nous apparaît peu pertinent), les langues des migrants ou les langues officielles de l'Union européenne comme l'italien, le portugais, sont peu fréquentes. C'est ce qu'ont souligné M. Silhouette et J.M. Hannequart (2016 p. 1) :

> « L'étude de l'évolution de l'enseignement des langues en France met en évidence de nombreux paradoxes. Dans un pays qui s'est souvent fait le champion de la diversité culturelle, qui s'efforce de promouvoir la francophonie contre le « tout anglais », qui est souvent décrié pour son centralisme et pour l'interventionnisme étatique qui y règne, il n'y a pas de véritable politique nationale des langues qui prendrait en compte ses besoins et régulerait l'offre d'apprentissage. Treize langues sont enseignées en France,

mais seulement trois d'entre elles, l'anglais, l'espagnol et l'allemand sont proposées dans la plupart des établissements du second degré. Des langues comme le portugais ou l'arabe sont presque absentes alors qu'elles sont les langues d'origine de nombreuses familles issues de l'immigration, etc. »

Est ainsi dénoncée une uniformisation de l'offre linguistique.

L'enseignement des langues en Europe peut montrer aussi certaines limites.

Le bilan le plus récent qui a donné lieu à un rapport du CNESCO[5] sur l'enseignement des langues vivantes étrangères précise ainsi :

Les recherches publiées en 2012 (Bessonneau & Verlet, 2012 ; Gutierrez Eugenio & Saville, 2017) montrent que : les résultats sont très variables selon les systèmes éducatifs : seule une minorité des élèves européens atteignent le niveau d'utilisateur indépendant (B) dans leur LV1 (42 %), 14 % des participants n'atteignent pas le niveau A1, les résultats sont généralement plus faibles en LV2, l'anglais bénéficie d'un statut spécial en tant que langue de communication internationale.

Ce statut qui est également très marqué en contexte scolaire français porte préjudice à l'offre d'options de langue dans les établissements scolaires, et en particulier aux langues minoritaires.

Par ailleurs les conditions d'enseignement de ces langues dites minoritaires sont à l'aune du peu de cas qui leur est fait. Parmi elles, les langues dites régionales ont une place marginale et souffrent d'une offre insuffisante : elles sont confrontées à des difficultés statutaires et budgétaires. Les conditions d'enseignement laissent à désirer dans de nombreux cas (horaires, créneaux, dotation) et ne permettent pas toujours aux élèves de bénéficier d'une continuité pédagogique, (Verny 2011).

La réforme des lycées, « la réforme de la confiance » dite réforme Blanquer du nom du ministre,[6] prévue par les textes dès 2018, en modifiant les choix d'options et les coefficients laisse une place très limitée en lycée à l'enseignement des langues de France, alors que les options de lycée permettaient jusqu'alors à des élèves de poursuivre ou de commencer l'apprentissage de l'occitan. Si cet enseignement bénéficiait vraiment du nombre d'heures légal (lorsque les horaires officiels étaient

---

[5] M Manoïlov, P. (2019). Les acquis des élèves en langues vivantes étrangères. Paris: Cnesco.

[6] Baccalauréat général Organisation et volumes horaires des enseignements du cycle terminal arrêté du 16-7-2018 – J.O. du 17-7-2018 (NOR MENE1815611A)

Le constat

respectés), en 3 ans un élève pourrait atteindre un niveau B1 de locuteur, dans le cadre de l'apprentissage d'une langue latine, ce qui favoriserait l'intercompréhension et des transferts linguistiques possibles.

I.1.4 La non prise en compte du plurilinguisme des élèves.

La réalité des classes ne semble pas accorder beaucoup de place non plus aux autres langues et en particulier à celles des élèves qu'ils soient migrants ou non. En effet, la diversité linguistique des élèves est rarement prise en compte. En témoigne à nouveau (puisque ces travaux s'inscrivent dans une longue liste d'études) l'enquête dirigée par R. Goigoux entre 2013 et 2015 sur 131 classes (de 16 académies différentes) auprès de 2507 élèves qui a traité de *l'influence des pratiques d'enseignement de la lecture et de l'écriture sur la qualité des premiers apprentissages.*

Les recherches menées par M.O. Maire Sandoz et V. Miguel Addisu (2015) à partir de l'enquête Goigoux leur permettent de conclure ainsi :

> « De fait, une didactique du français intégrant les langues des élèves comme une ressource pour l'apprentissage de tous – en particulier lorsqu'il s'agit d'entrer dans l'écrit – paraît particulièrement à même de construire une dynamique d'apprentissage qui aide à poser la question avec une perspective socio-didactique. Sinon, le risque du clivage entre langue de l'école et langue(s) de la vie est réel, voire attesté dans certaines situations scolaires. »

Nombre d'enseignants ignorent quelle est la langue familiale de leurs élèves lorsque ceux-ci sont bilingues. Souvent, ils ne cherchent pas à s'appuyer sur les compétences en place dans la langue maternelle pour faire progresser les élèves dans les apprentissages de la langue de scolarisation. V. Miguel Adissu évoque une catégorisation du type de prise en charge : le plus souvent il n'y a pas d'adaptation visible, dans d'autres cas certaines utilisations sont plutôt culturelles, certains enseignants réussissent à didactiser les références aux langues et enfin certains reconnaissent la diversité des langues comme une richesse.

En découlent des difficultés d'apprentissage en général, de l'échec scolaire, voire un sentiment d'insécurité et de rejet. Les capacités plurilingues de ces élèves ne sont pas amenées, dans ce contexte, à se développer. Enfin, les enfants désignés comme Élèves Allophones Nouvellement Arrivés (E.A.N.A.) bénéficient d'une prise en charge spécifique par des maîtres spécialisés dans le cadre des dispositifs d'Unité Pédagogique pour Élèves Allophones Arrivants (U.P.E.2.A.) organisés par les Centres Académiques pour la Scolarisation des Élèves Allophones (CA.S.N.A.V.). Selon les écoles, on constate une disparité de moyens et une forme d'inégalité entre les territoires. Si les métropoles urbaines permettent des prises en charge nombreuses, en revanche dans les zones rurales, les élèves allophones ont moins d'heures de français, langue de scolarisation. En outre, une étude approfondie serait nécessaire pour vérifier si l'orientation en Section d'Enseignement Général et Professionnel Adapté (S.E.G.P.A.), après le CM2, de nombreux élèves allophones est vraiment justifiée (les données fragmentaires que nous avons laissent toutefois apparaître cette tendance). Lorsque des E.A.N.A. arrivés en cycle 3 en France sont orientés vers une S.E.G.P.A., cette orientation est dictée par une volonté de leur éviter des difficultés plus importantes à l'arrivée en collège, alors que les primo-arrivants ayant des difficultés directement liées à la maîtrise de la langue française ne relèvent pas, en principe, de ce dispositif. Cependant, pouvoir pratiquer sa langue, savoir qu'elle est reconnue, qu'on lui accorde un statut et une valeur, qu'on y associe une culture et qu'on peut la faire partager aux autres, reste du domaine de l'exceptionnel dans le contexte scolaire français. Non seulement cette situation reste exceptionnelle, mais parfois même les élèves allophones peuvent être victimes de discriminations plus ou moins directes. C'est pourquoi des sociolinguistes emploient désormais le terme de « discriminations linguistiques » à l'instar de P. Blanchet (2018) qui les perçoit comme une manifestation de la « glottophobie ». Selon Benbassa (2010), « une discrimination est une disparité de traitement fondée sur un critère illégitime. » Ces discriminations ne sont pas reconnues juridiquement mais, pour autant, sont de réelles pratiques discriminantes car elles instaurent des différences illégitimes.

P. Blanchet propose donc le terme de « glottophobie » qui, selon lui, restitue aux discriminations linguistiques toute leur dimension et leur gravité sociale et politique, ainsi que leur concrétisation humaine et plus seulement linguistique. Dans le chapitre « Enseignement, insécurité linguistique et glottophobie », il dresse aussi un portrait alarmant de la situation scolaire qui utilise le plus souvent un code linguistique « réducteur et désocialisé » qui ne tient pas compte de la pluralité linguistique de la classe et qui expliquerait en partie les échecs d'apprentissage en français et en langue.

Ces inégalités linguistiques, ajoutées aux inégalités sociales qui y sont souvent associées, mènent aux inégalités scolaires que nous mettons

Le constat

en relation avec le rapport du Centre National d'Études des Systèmes Scolaires (le C.N.E.S.C.O.) de 2016.

Le CNESCO a montré très précisément comment l'école amplifie les inégalités sociales :

Les inégalités sociales entraînent des inégalités de traitement, qui vont entraîner à leur tour des inégalités de résultats. Ces inégalités de résultats aboutissent à une inégalité d'orientation, (un premier palier assez visible est celui de la fin du collège, et des orientations à l'issue de la 3ème). Les inégalités d'orientation vont engendrer une inégalité de diplomation et finalement des inégalités d'insertion sociale. Si l'école amplifie ces inégalités tout au long de la scolarité, en les renforçant, pour des enfants défavorisés, c'est d'autant plus vrai pour des enfants en situation migratoire. L'école française se place ainsi en tête des pays de l'OCDE pour les reproductions sociales.

On constate, par ailleurs, que le nombre d'élèves allophones ne cesse d'augmenter dans les classes mais, selon les départements, les moyens humains pour prendre en charge ces élèves diminuent. L'exemple du Lot -et- Garonne où on dénombrait 70 EANA en 2009–2010[7], contre 113 en 2014–2015, en est une illustration : le nombre d'enseignants se consacrant à la prise en charge de ces élèves était de 6 jusqu'en 2013 et est passé à 4 par la suite en 2015. Une série d'entretiens ont permis également de mettre en évidence le nombre d'heures limité accordé à la prise en charge des EANA dans chaque école, Brut (2015 mémoire non publié). J. M. Frisa (2017) souligne dans son ouvrage *Accueillir un élève allophone à l'école élémentaire* que pour un allophone deux ans de retard ne devraient pas signifier automatiquement une orientation en CLIS ou en SEGPA. Cette déclaration semble répondre à l'orientation assez fréquente d'élèves allophones arrivés au Cycle 3 qui n'ont pas pu maîtriser suffisamment le français pour entrer dans les apprentissages de l'école française. En effet, la maîtrise de la langue se révèle nécessaire pour l'ensemble des disciplines mais certaines comme l'histoire géographie, par exemple, utilisent beaucoup de supports écrits, et peut être difficile d'accès pour des débutants en français langue de scolarisation. Précisons que selon le niveau de scolarisation et selon l'âge de l'enfant, le passage à l'écrit

---

[7] In Système éducatif en Lot-et-Garonne, DSDEN 47 http://www.ac-bordeaux.fr/dsden47/cid93319/le-systeme-educatif-lot-garonne-2016.html

est déterminant pour progresser et devrait être acquis avant l'entrée au collège.

C'est, dans ce type de cas, que les difficultés scolaires liées aux difficultés de maîtrise de la langue vont amener à des inégalités fortes et en particulier d'orientation.

I.2 L'altérité linguistique

Pour prendre en compte cette situation et envisager une amélioration, le concept d'altérité linguistique nous paraît opérant, selon la définition que nous allons préciser.

I.2.1 Qu'est-ce-que l'altérité linguistique ?

Identité et altérité se construisent en miroir et le sentiment d'identité se construit en étant confronté aux autres.

La constitution d'une identité passe nécessairement par la rencontre avec d'autres que soi. C'est seulement dans la confrontation, qu'on peut s'identifier et identifier l'autre. Les sciences humaines et sociales définissent donc l'altérité comme la qualité de ce qui est autre, de ce qui n'est pas le même que moi/nous.

Ainsi le concept d'altérité linguistique nous semble plus large que celui d'allophonie. Il englobe l'allophonie, mais aussi le bilinguisme/ biculturalité, jusqu'au plurilinguisme. Il se veut plus inclusif et peut également recouvrir les variantes à l'intérieur d'une même langue, d'autres répertoires langagiers.

Si l'on considère l'ensemble des populations mondiales, on peut constater qu'une majorité est plurilingue. Toutefois en s'intéressant aux systèmes éducatifs, il apparaît que le monolinguisme y est malgré tout très prégnant. Par ailleurs d'un point de vue diachronique V. Spaëth (2014) a souligné l'expansion, depuis le début du XXIe siècle, de la diffusion du paradigme plurilingue et pluriculturel en didactique des langues. La place réservée aux langues endogènes de France, l'uniformisation de l'offre linguistique et l'accueil d'enfants allophones de plus en plus nombreux dans les classes en raison du contexte mondial, conduisent à repenser la relation à l'Autre, à celui qui a une autre langue.

Dégageons les grands axes de l'altérité. Une première approche de l'altérité se réfère à E. Levinas (1982) qui a théorisé cette question : l'altérité prend en compte la différence et reconnaît la différence. Le philosophe considère l'altérité comme la reconnaissance de l'autre dans l'essence de sa différence. Pour parvenir à se reconnaître comme membre d'une même communauté il est nécessaire de reconnaître la singularité de l'autre.

P. Ricœur (1990), par ailleurs, a également interrogé ce concept. Il fait percevoir, pour sa part, la dimension d'altérité interne propre à chacun, en particulier dans son ouvrage *Soi-même comme un autre*. Enfin, dans le contexte éducatif nous nous sommes intéressée aux travaux de M. Briançon (2012) qui propose une synthèse des définitions de Lévinas et Ricœur. À partir du concept qui est que « seule l'altérité enseigne », elle évoque une altérité extérieure mais également intérieure, enfin elle montre qu'une éducation à l'altérité est déjà présente dans le système scolaire particulièrement dans le cadre de l'éducation interculturelle.

Ainsi, il nous semble que l'altérité linguistique permet de reconnaître la différence linguistique, allophonie, bi ou plurilinguisme / bi ou pluriculturalité. L'éducation au plurilinguisme et à l'interculturalité est ainsi une éducation à l'altérité et en particulier à l'altérité linguistique.

Enfin, récemment les travaux de V. Barry (2018) ont précisé la relation pédagogique à l'altérité car pour elle : « la question de l'altérité est implicitement au cœur de la relation pédagogique et permet de penser des implications éducatives ». Les programmes officiels évoquent l'altérité et l'action éducative comme dans le domaine 5 du Socle commun, qui selon les *Instructions Officielles* (B.O. 2015) favorise « une réflexion sur soi et sur les autres, une ouverture à l'altérité et contribue à la construction de la citoyenneté, en permettant à l'élève d'aborder de façon éclairée de grands débats du monde contemporain. »

J. C. Beacco en 2018 dans son ouvrage *L'altérité en classe de langue* précise qu'il s'agit d'une perspective où les dimensions culturelles des apprentissages de langue sont à concevoir en termes de rencontre avec de l'altérité.

Il nous semble qu'une telle éducation est en effet souhaitable mais changer le regard sur l'inclusion et celui sur la diversité linguistique nous paraissent des préalables incontournables.

Nous travaillons sur ce concept dans le cadre du projet de recherches « l'élève en son île » qui réunit une équipe pluridisciplinaire et internationale. En collaboration avec C. Boutevin, J. F Dupeyron,

S. Métaux, C. Piot, R. Dimaio, E. Theodoropoulo, ce projet a permis de faire émerger le concept d'altérité linguistique en croisant depuis 2016 des approches philosophiques, historiques, artistiques et littéraires pour aborder la question de l'altérité et de l'éducation inclusive. Dans la perspective d'une meilleure prise en compte des notions de singularité, de particularité, d'individualité et de différence dans la formation des enseignants, ce projet relie des préoccupations pédagogiques et didactiques à des questionnements culturels, historiques, philosophiques, en étudiant plusieurs systèmes scolaires : celui de la Grèce, le système français et le système italien, les trois étant confrontés à l'accueil d'enfants allophones dans leurs écoles.

Ce projet vient « en contrepoint de théories et de savoirs englobants pour se focaliser plutôt sur les thématiques de l'île, de l'insularité, de l'archipel, comme voies d'accès vers la singularité, la particularité, l'individualité ou encore la différence » et s'intéresse à la place de la minoration des disciplines comme les arts visuels, des genres (poésie, théâtre) ou des langues dans les programmes pédagogiques et dans la vie scolaire et institutionnelle. Cette recherche concerne également la lutte quotidienne contre les clichés culturels et ethnicisants au sein d'une vie scolaire pleinement démocratique. Il vise à la promotion d'une pédagogie de l'interculturalité, de l'altérité, du partage et de l'échange.

L'altérité linguistique est donc le concept qui oriente les études que nous présentons ici et il nous semble que c'est un concept qui peut faire évoluer les représentations et les pratiques.

I.2.2 Changer le regard sur l'inclusion et l'inclusion linguistique

Changer le regard sur l'inclusion en transformant les représentations peut aider les enseignants et stagiaires à faire face aux situations de classe de grande hétérogénéité.

L'importance des représentations reste centrale, y compris dans les gestes professionnels des enseignants, (D. Bucheton 2009).

Nous présentons, ici, une recherche sur une circonscription de l'académie de Bordeaux qui accueille un grand nombre d'enfants migrants (près de 180 EANA N0[8] et N1 en élémentaire et environ 80

---

[8] N.0 qui viennent d'arriver, N1 qui sont scolarisés depuis 1 an en France

L'altérité linguistique

EANA en maternelle répartis dans 50 % des 44 écoles). Cette enquête, a été réalisée dans le cadre d'un projet de recherche de Cellule académique recherche, développement, innovation, expérimentation, (C.A.R.D.I.E.) de l'académie de Bordeaux, dans le projet nommé A.C.H.I.L.E pour Allophonie Allophones Coopération Hétérogénéité, Interactions, Langage à l'Ecole, avec B. Kervyn, A. Cabrit, E. Duprat, L. Jaffard, P. Kessas. Ce type de projet de recherche collaborative permet de travailler dans une équipe intercatégorielle et interdisciplinaire, et peut déboucher (V. Miguel Adissu 2020) sur de nouvelles connaissances, que l'on pourrait peut-être qualifier « d'hybrides, de métissées, d'altéritaires, et de dynamiques ».

Les écoles concernées sont en REP. Les constats établis par les équipes de circonscription ont été complétés par des enquêtes qualitatives, des focus group, et des entretiens qui font apparaître que la présence d'élèves allophones en classe ordinaire peut générer chez nombre d'enseignants un sentiment de difficulté face à une telle hétérogénéité : ils se sentent démunis pour gérer ensemble ces élèves et le reste du groupe classe. En outre, ils distinguent plusieurs types d'allophonies. La plus courante est une allophonie qu'ils arrivent à maîtriser car elle concerne des élèves qui ne parlent pas le français mais qui ont été scolarisés antérieurement. Cette allophonie peut aussi concerner des élèves dont les familles s'impliquent dans la scolarité et manifestent de l'intérêt pour l'École. En revanche, une autre catégorie d'allophonie apparaît, pour laquelle les enseignants se déclarent impuissants, ils ne savent pas comment faire progresser ces élèves : L'absentéisme qui caractérise ce public scolaire allophone constitue la difficulté principale de leur quotidien. Les familles de ces enfants, selon les enseignants, pourraient manifester une défiance, voire un rejet du système scolaire, et ne s'impliquent pas. Les enfants viennent « en pointillés », car leurs familles et eux-mêmes sont sujets à des migrations pendulaires. Seule une très faible proportion de cette population participe aux activités périscolaires, et aux sorties pédagogiques. Il est donc globalement très difficile de les faire progresser. Un professeur d'école déclare ainsi : « Ils viennent un tiers du temps scolaire en classe, il faut tout recommencer chaque fois, il n'y a pas de suivi ». Les enseignants perçoivent certaines communautés comme davantage réfractaires au système scolaire et se sentent d'emblée impuissants à faire entrer les élèves qui en sont issus, dans les apprentissages. Les caractéristiques décrites par les enseignants lors de ces focus-group sont mises en lien, dans certains cas, avec celles des gens du voyage, pour qui la relation à l'école a besoin d'être construite, en raison notamment d'une grande mobilité géographique. Il semble que sans culture de la sédentarité, la culture de l'école, qui nécessite une présence régulière, puisse être remise en cause.

Des communautés sont désignées aussi comme peu impliquées dans la scolarité des élèves et le concept d'altérité linguistique prend tout son sens dans ce contexte car il s'agit bien sûr d'enseigner le français à ces élèves, mais également de reconnaître une relation spécifique à l'école, différente de celle attendue, et de l'accueillir pour pouvoir la faire évoluer.

L'ensemble des conditions de travail de ces enseignants participe probablement aussi à la difficulté de gérer la grande hétérogénéité et les représentations négatives qui en découlent. Pour que la présence de ces élèves soit accueillie et accompagnée sans engendrer chez les enseignants un sentiment de découragement et d'impuissance, et favoriser la réussite scolaire de ces élèves, un regard neuf sur l'inclusion, la différence et ici, en l'occurrence, l'altérité linguistique s'impose.

Plusieurs pistes de réflexion sont à l'étude à partir des observations de terrain qui montrent toutefois, entre ces diverses écoles, des fonctionnements un peu différents.

Un facteur favorisant le lien école famille semble être la pratique de la langue (le bulgare précisément) par un maître d'UPE2A. Les écoles font appel le plus souvent à des traducteurs très sollicités et qui ne peuvent accorder à chaque école qu'un temps limité. Cependant, dans une des écoles enquêtées, l'absentéisme de la communauté concernée a pu être réduit, en particulier, en développant un travail d'accompagnement des familles grâce à l'enseignant d'UPE2A qui parle le bulgare et qui peut ainsi directement entrer en contact avec les parents et créer des liens qui assurent une sécurité linguistique et favorisent l'acculturation à l'école française. L'importance de la pratique de la langue de l'interlocuteur apparaît dans le cas que nous étudions, très nettement.

La mise œuvre du concept d'altérité linguistique supposerait de modifier les représentations des enseignants pour proposer d'autres pratiques pédagogiques.

Un autre facteur favorisant une meilleure inclusion serait de repenser la question de l'éducation et de la migration.

De plus, l'inclusion scolaire s'est construite dans une approche critique de l'exclusion interne ou externe et dans une négation du fait de considérer les élèves allophones comme différents des autres élèves. L'étude Evascol (2018) amène le constat que l'école s'adapte difficilement

L'altérité linguistique

aux migrations et à l'itinérance. On peut imaginer que proposer des outils de suivi qui peuvent accompagner les élèves dans et hors de l'école, sous une forme qui encourage des apprentissages progressifs et réguliers, serait souhaitable.

Enfin certaines approches collaboratives et coopératives pourraient néanmoins permettre de mettre en place des projets et de modifier les représentations. C. Letor en 2016 constate l'influence conjointe des outils et du travail collaboratif sur le changement de représentations et de pratiques des enseignants qui souhaitent accueillir au mieux tous les élèves mais se voient confrontés à des situations très hétérogènes en classe ordinaire. S. Connac (2020) dans le travail coopératif voit une action combinée, intentionnelle avec un bénéfice mutuel de la rencontre. Le travail coopératif permet de mieux apprendre individuellement, si la mise en place des activités est suffisamment pensée.

Cette coopération dans les activités de classe et la pédagogie entraîne aussi de nouvelles démarches de recherche qui prennent en compte les savoirs de la pratique, le réel des contextes et reconnaissent au professionnel un rôle aussi important que celui du chercheur seront développées ultérieurement.

Enfin il semble qu'en classe ordinaire les approches plurielles et sociodidactiques soient également une réponse pour permettre un meilleur accès aux apprentissages.

L'arrivée dans les métropoles françaises d'élèves allophones, est une réalité qui, dans le contexte actuel des flux migratoires, sera amenée à augmenter dans les années à venir et va nécessiter une adaptation des enseignants. La recherche en éducation doit donc pouvoir proposer une formation avec un accompagnement adapté.

I.2.3 Vers un autre modèle de société et une écologie des langues

Il semble donc nécessaire d'interroger les concepts qui sous-tendent les politiques linguistiques éducatives, comme le concept d'intégration.

Il est important de réfléchir au modèle dit d'intégration qui est remis en cause aujourd'hui, notamment par le sociologue M. Wievorka (2008) qui parle d'« un concept en difficulté ». Il cite également un autre sociologue D. Lapeyronnie (2003,18) qui lie la question de l'intégration au point de vue du dominant sur le dominé en précisant que le dominant considère ainsi généralement que celui qui est dominé n'est pas intégré.

M. Wievorka établit lui aussi un lien dans ce modèle d'intégration à la française entre le traitement scolaire des élèves de l'intérieur qui avaient une langue minoritaire et ceux de l'extérieur qui ont une langue minoritaire : « En France et même s'il est arrivé que les instituteurs respectent les « petites patries », les spécificités culturelles locales dont parlait Jean Jaurès, les petits Bretons ou Occitans ont été contraints d'abandonner leur « patois » pour apprendre le français supposé leur autoriser l'accès à l'universel, et trois quarts de siècle plus tard, l'affaire dite du « foulard » s'est jouée là encore à l'école. Aujourd'hui, de nombreux pays vivent ce type de débats et de conflits dans leur système éducatif, qui apparaît comme central dans la mobilisation des passions. » Certes, la comparaison des éléments cités par le sociologue présente des limites car l'école en français proposait alors un cours de mathématiques ou de sciences qui n'était pas accessible dans la culture d'origine, et par ailleurs le port du foulard soulève d'autres questions plus complexes sur la laïcité, les identités et les idéologies.

Toutefois, l'autre langue, celle des origines, différente du français est exclue de la classe.

Par ailleurs, il définit deux grands modèles : l'intégration à la française et le multiculturalisme à l'anglaise. Il montre que dans des variantes radicales ces deux modèles conduisent actuellement plutôt à un échec. Le modèle français « refoule les identités particulières à l'espace privé ». Dans ses variantes radicales, le modèle « à la française » qui tend à les dissoudre serait une forme d'assimilation. Quant au modèle britannique, il peut aboutir dans certains cas à un communautarisme dangereux. Il conclut en précisant que ce paradigme de l'intégration n'est plus adapté à un monde global.

Mais dans l'état actuel du monde, et des sciences sociales, il semble non moins vrai que le paradigme de l'intégration est de moins en moins adapté pour faire face aux grands problèmes que constituent les phénomènes migratoires ou les différences culturelles et religieuses.

D'un point de vue linguistique, développer l'écologie des langues nous semble être une entrée pour penser un changement de modèle.

Ces changements s'accompagnent aussi d'une conception claire de la diversité linguistique. Le concept d'écologie des langues, et du respect de cette diversité est apparu dans les années 90. Il est souvent présenté par le linguiste L.J. Calvet (1999) qui compare la communauté sociale et la langue qu'on y parle à une niche écologique constituée d'un biotope et des espèces qui y vivent.

L'auteur remet en question la hiérarchie qui existe entre les langues et constate ainsi une inégalité écolinguistique.

D'autres sociolinguistes, en revanche, ont mis en avant la fragilité de certaines langues et le concept d'écolinguistique qu'ils défendent vise un équilibre plus juste entre les langues du monde et une préservation de celles qui sont menacées, ils prônent ainsi le plurilinguisme.

Ce concept, associé par H. Boyer (2010) à une conception altermondialiste des langues, se rattache à un pôle interventionniste avec planification politique et gestion des ressources.

Dans le cadre du contexte scolaire, il suppose de proposer une plus grande offre de choix de langues, et d'assurer des conditions décentes d'enseignement : horaires, respect des temps d'enseignement, continuité pédagogique, valorisation aux examens par un coefficient positif, filières dans l'enseignement supérieur, postes aux concours d'enseignement, etc...

Le respect de la diversité linguistique doit s'exprimer également hors du cours de langue, où les pratiques plurilingues pourraient être valorisées et non exclues.

Il semble nécessaire de distinguer deux plans, l'un concernant le rapport à l'altérité et à l'altérité linguistique en particulier et un plan plus technique/didactique sur des pratiques en langue pour développer cette sensibilisation à l'altérité linguistique, le premier sous-tendant bien sûr le second, ce que nous développerons ultérieurement.

Les projets de recherche menés *l'élève en son île*, ou *Cardie Achile*, font émerger un constat sur le monolinguisme dans le système scolaire français et les conséquences négatives qui en découlent. Le concept d'altérité linguistique qui peut permettre de mieux inclure, est aussi apparu dans d'autres projets en lien cette fois ci avec d'autres langues minorées : l'occitan et le basque.

II
Le rôle des langues de France dans l'ouverture au plurilinguisme

Ainsi dans cette partie nous évoquons un autre axe de nos recherches, en lien avec la sociolinguistique et la sociodidactique : celle de l'enseignement des langues minoritaires, appelées, en contexte français, langues régionales.

Les études occitanes menées, depuis le début de notre parcours universitaire, ont été enrichies ces dernières années par la recherche collaborative et par une approche comparatiste avec les études menées sur la langue basque.

Trois axes apparaissent : le premier en lien avec l'histoire de l'éducation, pour mettre à jour une perspective diachronique sur l'enseignement du basque et de l'occitan, le deuxième plus centré sur les pratiques et représentations actuelles des enseignants, et un troisième axe plus strictement sociodidactique.

II.1 Perspective diachronique l'enseignement du basque et de l'occitan

Dans ce cadre, après avoir rappelé l'histoire de l'idéologie monolingue qui imprègne encore fortement le système éducatif français, il nous semble opportun de revenir sur la place des langues de France dans le système éducatif, présentes, comme nous l'avons évoqué plus haut depuis les années 50 ; avec la loi Deixonne elles ont vu au fil du XXe siècle leurs modalités d'enseignement évoluer et varier.

Une brève présentation sociolinguistique des langues que nous allons évoquer s'impose : le basque ou *euskara* et l'occitan.

Euskara

Le basque, ou euskara, est une langue pré-indo-européenne d'origine inconnue, c'est une des plus anciennes d'Europe occidentale. Son territoire s'étendait de l'Ebre espagnol à la Garonne française, des Pyrénées occidentales à la Catalogne. C. Videgain (2004) précise aussi que son altérité reste évidente.

Aujourd'hui, elle est présente en zone espagnole, en basque appelée Hegoalde (Pays Basque Sud), principalement dans la Communauté autonome basque, langue co-officielle depuis 1979, et dans certaines régions de Navarre (où elle est co-officielle depuis 1982). Elle est également présente en Pays basque français, appelé Iparralde, où elle est encore en cours de reconnaissance officielle (Eke-icb, 2020). C'est Iparralde qui concerne la majorité de nos travaux puisque de point de vue de l'administration scolaire, il se trouve dans l'académie de Bordeaux. L'académie de Bordeaux est située en Aquitaine (géographique). Constituée du triangle Garonne/Atlantique/Pyrénées elle a connu à date historique une langue appelée « bascoïde », J. Videgain (2003) dont le basque actuel est proche.

F. Jaurreguiberry (2014) présente l'histoire sociolinguistique de la langue basque en montrant que jusqu'à la première guerre mondiale elle a pu résister, soutenue aussi par le clergé qui porte majoritairement l'activité intellectuelle. Si elle a été stigmatisée pour de nombreuses générations jusqu'à la fin du XXe siècle, elle est aujourd'hui objet de désir, car le dynamisme des promoteurs de la langue basque a su modifier son image dans la population basque. C'est ce qui apparaît dans les résultats de l'enquête menée en 2016.

La VIe enquête sociolinguistique réalisée en 2016 par le gouvernement basque, la communauté forale de Navarre et l'Office Public de la Langue basque montrent des résultats encourageants pour la pratique de la langue en Iparralde. En particulier, on observe que le nombre de locuteurs augmente dans les tranches d'âge les plus jeunes. On dénombre 20,5 % de bascophones chez les 16 ans et plus, et 9,3 % de bilingues réceptifs. On considère que 70 % de la population d'Iparralde n'est pas bascophone.

Cette enquête s'intéresse à la transmission de langue : la transmission intrafamiliale augmente quand les deux parents sont bascophones et surtout elle montre l'importance du rôle de l'enseignement du basque par l'école.

L'utilisation active de la langue basque par les bascophones reste souvent encore du domaine privé familial ou amical. Enfin on note une attitude positive envers la langue basque et sa promotion par le biais de politiques linguistiques.

L'attitude favorable dans les dernières décennies envers le basque a été observée dans l'éducation.

La variable scolaire est fondamentale pour la réactivation de la langue. Le résultat le plus évident apparaît en Hegoalde, dans la région autonome basque, où la co-officialité de la langue a entraîné un changement majeur dans l'éducation. Dans le décret 175/2007 (BOPV, 2007) pour l'éducation, il est indiqué que "le Basque [...] sera la principale langue d'utilisation dans le processus d'enseignement et d'apprentissage".

En 2014, 95 % des enseignements sont en basque. L'attitude à l'égard de la langue basque est très positive. 70 % des adultes de la Région inscrivent leurs enfants dans une filière tout en basque, 24 % dans un modèle mixte avec l'espagnol et seulement 6 % uniquement en espagnol. C'est l'une des raisons pour lesquelles 55 % des 16–24 ans utilisent désormais régulièrement l'euskara en dehors des salles de classe (AA/VV, 2017b).

En Hegoalde, 19 % de la population française souhaite que l'euskara soit la langue d'enseignement dans les écoles, avec seulement 7 % des écoles proposant cette langue. Cette nécessité a conduit le gouvernement français à demander des enseignants basques en Espagne et des enseignants occitans également dans le cadre d'un projet interrégional Aquitaine Euskadi Navarre POCTEFA, le projet *IRAKASLEGAIAK AEN*[9].

Le basque est enseigné depuis 1948 à l'université de Bordeaux (date de la première chaire d'études basques). Mais c'est en 1986 que se crée le Département Interuniversitaire d'études basques DIEB, grâce à une convention entre l'Université Bordeaux III et L'Université de Pau et des Pays de l'Adour ; le cursus se déroule à Bayonne mais des U E sont aussi dispensées à Pau et à Bordeaux. En 1989, le cursus complet est étendu jusqu'au doctorat.

Une formation des enseignants existe à l'INSPE de l'académie de Bordeaux en partenariat avec l'Université Bordeaux Montaigne et l'Université de Pau et des Pays de l'Adour.

---

[9] https://www.inspe-bordeaux.fr/projets-internationaux

L'occitan

L'occitan langue romane présentée précédemment, écrit depuis le Moyen Âge, et qui était la langue vernaculaire, a également été au cours de la période médiévale, langue juridique, langue de cour, et langue littéraire en particulier depuis le XIe siècle avec les textes des troubadours.

Si la scolarisation massive à la fin du XIXe siècle, puis la Première Guerre mondiale ont provoqué une baisse de la transmission familiale et du nombre de locuteurs, la production littéraire n'a pas cessé et existe encore au XXIe siècle.

L'enseignement de l'occitan s'est réellement développé à la fin des années 80, puis en 1992 le C.A.P.E.S. permettant d'enseigner a été créé et a permis de structurer l'offre d'enseignement.

Si auparavant les universités de Bordeaux Montaigne et de Pau et des Pays de l'Adour proposaient un cursus complet en occitan, aujourd'hui ces universités proposent des options occitanes et la préparation aux concours d'entrée dans l'enseignement secondaire est principalement assurée par les universités de Toulouse et de Montpellier.

Pour les concours du premier degré, l'Institut Supérieur National du Professorat et de l'Enseignement de l'académie de Bordeaux propose un master MEEF pour l'enseignement bilingue (en occitan et en basque)

En occitan, l'offre d'éducation peine à se développer, même si les écoles bilingues augmentent régulièrement, force est de constater qu'il y a peu de continuité pédagogique dans les écoles collèges et lycées, et le vivier d'étudiants pour l'enseignement supérieur est limité. Pourtant, 8 sur 10 des personnes qui ont participé à la dernière enquête souhaitent que l'occitan soit de plus en plus enseigné.

Le nombre de locuteurs de l'occitan est aujourd'hui estimé à environ 7/% de la population. La majorité des locuteurs sont des hommes âgés issus des zones rurales.

Mais on constate une attitude générale favorable envers la langue et ainsi malgré des taux de pratique en baisse 92 % des 8000 enquêtés déclarent vouloir maintenir ou développer la langue occitane, cette volonté, présente depuis de nombreuses années, a donc conduit à la création en 2016 de l'Office Public de la Langue Occitane (OPLB), 12 ans après la création de l'OPLB.

Dans le cadre scolaire français, l'Éducation nationale assure la transmission des langues étrangères dans un cadre clairement défini, mais les langues "régionales" et minoritaires sont peu protégées par la législation, comme nous l'avons évoqué précédemment. L'État a cependant pris position en faveur de la sensibilisation à la diversité linguistique et de l'offre d'opportunités pour l'enseignement de différentes langues. Néanmoins, malgré ces dispositions de politique linguistique dans le cadre scolaire, la réalité des langues enseignées reste alarmante en raison des conditions d'enseignement, du manque de continuité pédagogique et de la limitation des ressources allouées à l'enseignement de ces langues.

– Aussi nous pouvons détailler les obstacles les plus fréquents :
– Le déclin croissant de l'attractivité de l'enseignement des langues régionales, dû au jeu des coefficients et à la concurrence avec d'autres options.
– Des horaires peu attractifs : c'est un constat général partout où la langue est enseignée.
– Avec la réforme de « la confiance » dite Blanquer du nom du ministre de l'Éducation Nationale, juillet 2019, « une langue régionale prise en option a un coefficient minimal, trois fois inférieur à celui des langues anciennes (latin ou grec), qui représente environ 1 % de la note finale du baccalauréat ». Les lycéens ne peuvent pas le prendre avec une deuxième option, ce que beaucoup d'élèves ont fait, contrairement aux latinistes et aux hellénistes qui peuvent combiner deux cours à option. Enfin, l'option de langue régionale n'est pas proposée dans la majorité des filières technologiques.
– L'absence de statut co-officiel des langues de France avec le français a des conséquences néfastes sur la transmission de ces langues et leur pérennité.

<u>Euskara</u>
<u>2019 Enseignement primaire</u>

	<u>Sensibilisation(3h/ semaine)</u>	<u>Ens. Bilingue (privé et public)</u>	<u>Enseignement immersif</u>
Nombre d'élèves	385	8137	2632

11154 élèves en primaire environ 3,6 % des élèves de l'académie de Bordeaux sur un total de 306 487 élèves (rentrée 2019)

Enseignement secondaire

	Option (2h/semaine)	Bilingue
Collèges	14	15
Lycées	6	7
Nombre d'élèves	580	1611

2191 élèves en secondaire soient 0,82 % sur un total de 267 894 élèves (rentrée 2019)

Occitan

2019 Enseignement primaire

	Sensibilisation ou renforcé (1H30 à 3H/semaine)	Ens. Bilingue (privé et public)	Enseignement immersif
Nombre d'élèves	1985	2013	555

Soient 4553 élèves apprennent l'occitan presque 1,5 % dans l'enseignement primaire sur un total de 306 487 élèves (rentrée 2019)

Enseignement secondaire occitan

	Option (2h/semaine) public et privé	Bilingue	immersif
Collèges	55 (2256 élèves)	11 (103 élèves)	1 collège calandreta 40
Lycées	23 (286 élèves)		
Nombre d'élèves	2542 élèves	103	40

2685 élèves apprennent l'occitan dans le secondaire sur 267 894 élèves (rentrée 2019) environ 1 %

En ajoutant ces différentes catégories, 7238 élèves apprennent l'occitan dans l'académie de Bordeaux (du primaire au secondaire et dans toutes les filières, publiques et privées, en option, bilingue, immersif).

Dans cette même académie, on dénombre 55 collèges qui proposent un enseignement de l'occitan, ainsi que 23 lycées.

Dans le deuxième niveau, qui concerne plus spécifiquement notre enquête, l'académie de Bordeaux compte 18 773 enseignants, dont 31 occitans et 50 basques.

On compte aujourd'hui plusieurs grands modèles d'enseignement : le modèle immersif où tout l'enseignement est fait dans la langue cible sauf le français et une langue étrangère, le modèle bilingue où l'enseignement est dispensé à parité horaire en langue cible et en français et enfin un enseignement optionnel de langue cible dans un cursus majoritairement français. Certains aménagements de ces modèles existent avec diverses proportions de langue cible : sensibilisation, initiation etc. Cependant ces différentes formes d'enseignement restent fragiles par l'absence de statut des langues de France.

Sans statut, elles sont enseignées avec des moyens souvent limités et subissent des ruptures de continuité pédagogique, pour certaines d'entre elles, comme l'occitan. Cependant la dynamique créée par cet enseignement quelle qu'en soit la modalité, montre l'apport des langues et cultures dites régionales à une ouverture plurilingue dans un système éducatif majoritairement monolingue.

Nos recherches en sociodidactique des langues minoritaires nous permettent d'établir des liens entre les pratiques et de développer des recherches sur le terrain pour mieux percevoir l'apport des langues de France à l'inclusion linguistique. Nous nous intéresserons dans un premier temps à l'histoire de l'éducation de l'enseignement de l'occitan en nous centrant sur plusieurs points : une offre éducative alternative l'école occitane d'été, la formation des enseignants d'occitan en Aquitaine puis sur l'histoire des maîtres bilingues d'occitan qui montre encore une spécificité.

II.1.1 Histoire de l'enseignement de l'occitan ou histoire d'un enseignement alternatif

L'histoire de l'enseignement de l'occitan peut être envisagée d'un point de vue alternatif. Dès le XIXe siècle un certain nombre de religieux ont pensé l'enseignement de la langue comme le Frère Roustan (1859–1938) Majoral du félibrige et surtout Frère Savinien (Joseph Lhermite, 1844–1920) : précurseur de l'enseignement du provençal, puis Frère Nauton : ethnolinguiste du Massif-Central occitan (1912–1970).

Frère Savinien, frère des écoles chrétiennes a proposé de prendre en compte la langue des élèves en particulier en Avignon, le provençal, ainsi H. Terral évoque cette nouveauté pédagogique qui consistait à accepter le bilinguisme et à s'appuyer sur les compétences des élèves.

« L'œuvre de Savinien va pourtant bien au-delà : ses remarques ne sont-elles

pas, en effet, une reconnaissance du bilinguisme de fait et de la culture régionale,

à laquelle, indubitablement, « l'école de la République » a porté un coup brutal,

sinon mortel, selon certains linguistes contemporains ? (Walter, 2002, p. 29) ».

Plus tard P. Estieu (1860–1939) ou A. Perbosc (1861–1944) qui faisait collecter contes, chants, proverbes à ses élèves, réaliseront eux aussi une nouvelle approche en impliquant directement les élèves dans la transmission de leur langue et culture. « Je suis en plein dans mon folklore... et je suis de plus en plus émerveillé des contes que mes élèves recueillent, écrivent, traduisent et transcrivent avec autant de frénésie que moi-même » (Perbosc 1900).

Il va jusqu'à créer une société traditionniste (qu'on appellerait aujourd'hui club de collectage) où, si l'instituteur est président, les élèves sont membres du bureau comme secrétaire et vice- président, en mettant en place une correspondance scolaire avec une autre école et des publications.

C'est une reconnaissance pour des élèves dont la langue est plutôt méprisée par la société, c'est aussi une légitimation de leur langue et culture à travers la publication d'un livre issu des collectages.

Freinet lui- même, cité également par H. Terral, dénonçait cette exclusion des langues des élèves.

« Il fut un temps, au début du siècle, où l'école publique menait une lutte à mort contre les langues régionales, les "patois". C'était le temps où les enfants n'avaient pas le droit de parler une langue maternelle, non seulement à l'école mais en récréation ou même dans la rue. L'invention du "signe" était la plus belle trouvaille de la scolastique d'alors. (...) On imagine ce qu'a pu donner ce système perfectionné de délation. Heureusement la vie se rit toujours de la scolastique, les langues régionales ne sont pas mortes ; elles refleurissent et leur enseignement officiel entre peu à peu dans la réalité de notre éducation nationale » (Freinet, 1959).

Au cours du XXe siècle l'enseignement des langues de France s'est développé, la loi Deixonne en 1951 a marqué un tournant et peu à peu à l'école publique (dans le système scolaire public) des heures d'enseignement vont apparaître. D'option facultative en lycée, à une parité horaire bilingue dans l'enseignement public primaire, diverses modalités coexistent surtout après les années 80. Mais d'autres offres d'enseignement vont voir le jour comme les écoles immersives associatives *Calandretas* qui utilisent la pédagogie Freinet ou une offre parallèle mise en place dès les années 70. Fondée par des enseignants en poste dans l'enseignement public, l'école occitane d'été *Escòla Occitana d'Estiu* se veut une école plus complète que celle officielle et se déroule en stage immersif. C'est en particulier, cette modalité d'enseignement l'immersion qui se veut novatrice et qui permettra aux apprenants de s'approprier ou de se réapproprier l'occitan (Châteaureynaud Piot 2018).

II.1.2 Un exemple d'enseignement de l'occitan en contexte plurilingue et international : L'école occitane d'été

L'école occitane d'été depuis une quarantaine d'années propose un stage d'occitan intergénérationnel et international en Villeneuvois (le plus souvent à Villeneuve-sur-Lot en Lot-et-Garonne). Ce stage, organisé au départ par quelques enseignants et militants de la langue, a été accompagné d'évènements culturels, de travaux de publication ,d'édition et de socialisation de la langue. Conscients de l'urgence d'enseigner leur langue, longtemps bannie de l'école publique, des enseignants décident de créer un stage dédié, puis de s'installer dans un lieu, une ancienne école rurale à laquelle ils renoncent finalement pour un local en ville. Nos recherches ont pu montrer que l'enseignement de l'occitan, la formation des enseignants, la mise à disposition de ressources et la création de matériel pédagogique sont redevables à cette structure associative qui a longtemps pallié les manques de l'Éducation Nationale.

L'exclusion de la langue occitane de l'école a été subie par de nombreuses générations d'élèves. Certains, devenus enseignants, à leur tour, se questionnent et c'est en 1969, que C. Marti[10] chanteur et instituteur lui-même évoque cette situation dans son premier disque *Occitània* dans le titre « *Perque m'an pas dich a l'escòla* ? »[11] Il s'agit d'un texte emblématique de la revendication occitane, alors en train de s'épanouir et également de se populariser (en particulier grâce à la nouvelle chanson occitane).

Le début des années soixante-dix voit ainsi en France la renaissance des langues dites minoritaires et de leur culture. En 1977, 1 500 lycéens inscrits en classes de terminale ont choisi l'option « occitan » comme épreuve facultative du baccalauréat[12]. En Lot-et-Garonne, depuis la fin des années soixante et le début des années soixante-dix, cet enseignement est donné au lycée de Villeneuve-sur-Lot par M. Esquieu, au lycée Palissy d'Agen par J. Rigouste et au lycée de Nérac d'abord par M. Berthoumieu,

Ces trois enseignants, forts de leur expérience pédagogique et de celle de l'organisation d'une dizaine de stages, de veillées et de soirées, décident en 1974[13] de fonder l'École occitane d'été Affiliée au Centre régional d'études occitanes, elle est tout de suite placée sous l'égide du recteur d'Académie.

La vie de l'école

L'École occitane d'été est une association qui a pour but de proposer des stages d'occitan pour former des locuteurs, enseigner la culture occitane, la littératie (apprendre à lire et à écrire la langue parlée) à tous ceux qui ont peu ou pas bénéficié de cet apport. Les fondateurs déclarent ainsi : « Nous allons enseigner ce que l'école française a refusé d'enseigner aux Villeneuvois pendant des générations[14]. » M. Esquieu précise également vouloir adopter une pédagogie différente : « Nous ne voulons pas faire quelque chose de scolaire. Il ne s'agit pas d'école du soir. Nous voulons un dialogue vivant. » Il affirme, dès la création, une volonté d'alternative pédagogique par rapport à l'enseignement traditionnel.

---

[10] Marti Claude, chanteur, poète, romancier, essayiste français de langue occitane, né à Carcassonne en 1940.
[11] Pourquoi on ne m'a pas dit à l'école
[12] Information donnée par Jean Rigouste.
[13] Le premier stage a lieu en 1975 mais la création administrative apparaît dans le *Journal officiel* en 1976.
[14] Article du journal *Sud-Ouest* en 1976. Cf. revue de presse EOE

Selon les organisateurs, ces stages proposent une semaine de « *vie occitane pour un enseignement intensif de la langue et de la culture* ». La grande force de l'école occitane réside dans son fonctionnement en immersion linguistique qui permet de pratiquer au quotidien pendant et en dehors des cours la langue. Il est important de préciser que plusieurs variantes de l'occitan y sont enseignées : gascon, limousin, languedocien, provençal, auxquels s'est adjoint assez vite un cours de catalan. La polynomie de l'occitan est acceptée comme telle, les variantes enseignées dans leurs spécificités et l'ouverture à une autre langue romane proche le catalan est également développée. Pour chaque cours, trois niveaux sont proposés.

T. Stegmann, romaniste allemand de l'université de Francfort qui participe régulièrement à l'école occitane d'été, fait travailler les compétences plurilingues et propose plusieurs interventions tendant à diffuser ses travaux sur l'intercompréhension des langues romanes, en lien avec celles développées dans le projet Eurocom qu'il a porté avec son collègue H. Klein.

Le plurilinguisme est également porté par les fondateurs eux-mêmes qui pour deux sont trois sont enseignants de lettres classiques. Notamment J. Rigouste, agrégé de lettres classiques et spécialiste d'onomastique et de toponymie. Il fait de nombreuses références dans ces cours à d'autres langues, aux langues anciennes et aux langues romanes qu'il pratique également, développant des compétences plurilingues chez les apprenants. La culture plurilingue de ce fondateur de l'EOE est également présente dans la conception didactique de la méthode d'apprentissage de l'occitan *Parli occitan* publiée en 1979 et republiée à de nombreuses reprises.

Si certaines années on dénombre 500 stagiaires, la moyenne se situe plutôt autour de 300 jusque dans les années 1980. Plus récemment la fréquentation est en moyenne de 150 stagiaires par an.

Si des locuteurs naturels, viennent pour apprendre à écrire leur langue ou pour assister les enseignants il faut souligner également la présence d'étudiants, et de professeurs d'universités étrangères (européennes, mais aussi asiatiques, américaines, australiennes, etc.) venus approfondir leurs connaissances.

Le réseau de l'Institut d'études occitanes[15] qui se déploie aussi internationalement, en particulier dans le monde universitaire des

---

[15] L'Institut d'Études occitanes est une association de loi 1901, créée en 1945 à Toulouse par des occitanistes.

romanistes, permet de diffuser l'information à l'étranger et fait affluer des étudiants et des professeurs allemands, anglais, belges, japonais, etc. En 1997, était par exemple présente C. Attwood, maître de conférences de l'université de Nottingham, spécialiste de la poésie des troubadours, et elle envisageait de créer une option de langue et culture occitane dans son université. Un universitaire écossais, une bibliothécaire belge, une étudiante de Salamanque ou un jeune espérantiste de Frankfort expliquaient au journal *La Dépêche du Midi*[16] leurs raisons de participer à ce stage.

En 1997, participe aussi, M. Cahner (1936–2013), professeur de littérature catalane, éditeur et ancien ministre de la Culture du gouvernement catalan entre 1980 et 1984. C'est sa deuxième École occitane d'été, il revient quatorze ans après et déclare dans une interview que « les occitans sont de plus en plus nombreux à avoir conscience de leur occitanité » et encourage les participants à vivre pleinement le plurilinguisme en utilisant l'occitan. M. Cahner a pu présenter la politique linguistique catalane qui a abouti à la reconnaissance de l'occitan comme langue officielle en Val d'Aran, et le plurilinguisme qui s'est ainsi développé dans l'enseignement où les élèves aranais apprennent le castillan, le catalan l'occitan et une langue étrangère.

Le caractère international de ces stages a assuré un plurilinguisme de fait, clairement revendiqué par certains qui ont choisi très tôt de développer ce qu'on appellerait aujourd'hui des compétences plurilingues comme J. Rigouste, T. Stegman ou encore le chanteur E. Fraj[17].

Cet intérêt pour l'occitan, le bilinguisme français occitan et le plus souvent un plurilinguisme sera à l'origine de la formation des enseignants bilingues d'Aquitaine qui ont participé assez massivement à ces stages.

Pour compléter, et approfondir notre étude, c'est une collaboration avec C. Piot de l'Inspe d'Aquitaine, L.M. Naya Garmendia et P. Dávila de la faculté d'histoire de l'éducation de l'université du Pays basque U.P.V. à Saint Sébastien, qui nous a permis d'aborder l'histoire des enseignants bilingues, dans le cadre d'un projet comparatiste « Langues et patrimoine en Aquitaine et Euskadi ».

---

[16] In *La Dépêche du Midi*, « École occitane d'été, au-delà des frontières », jeudi 24 août 1995

[17] Éric Fraj est auteur-compositeur et interprète, chantant en occitan, catalan, espagnol et français depuis fin 1971.

II.1.3 Histoire des maîtres bilingues : implication et inclusion

Ainsi, nous avons mené une première enquête inédite en Aquitaine[18] auprès d'enseignants bilingues français/occitan (en activité ou retraités) prenant en compte leur formation initiale, leur activité professionnelle et leur formation continue. Notre corpus s'appuie sur douze témoignages, ceux de onze enseignants (dont une devenue ensuite responsable associative) – ce qui représente environ un quart du nombre total des maîtres bilingues en Aquitaine – et d'un inspecteur pédagogique régional (soit cinq hommes et sept femmes)[19]. L'objectif principal est de comprendre le rôle de l'occitan, ses modalités de transmission dans un pays où les langues dites régionales ont du mal à être reconnues et aussi de souligner la valeur patrimoniale de l'occitan dans un contexte à la fois de net recul de la pratique de cette langue mais également de résurgence à l'école primaire.

Ces maîtres bilingues, dont les âges s'échelonnent entre 26 et 73 ans, ont participé pour les plus âgés, à la création des écoles bilingues. Grâce à cette étude, bien que non exhaustive, il nous semble que se dessine le paysage de l'enseignement bilingue public dans l'académie de Bordeaux depuis la création des premières sections dans les années 1990. Nous avons suivi le même protocole d'enquête mis au point par L. M. Naya Garmendia et P. Dávila pour la transmission du basque, adapté néanmoins à l'occitan, afin de pouvoir analyser les questions de la transmission de la langue, de la formation des enseignants et des mouvements pédagogiques. Ces chercheurs de l'U.P.V. avaient mené une grande enquête en Pays basque sud auparavant. Les principaux résultats de notre enquête concernent les questions de langue, les mouvements pédagogiques et les différences générationnelles, il nous semble intéressant de voir aussi dans leur formation et dans leur parcours la volonté d'inclusion linguistique qui a souvent présidé à leurs choix pédagogiques. Ces témoignages, sont des récits de vie et ont mis au jour des caractéristiques d'une population enseignante.

Avant d'évoquer à proprement parler l'histoire des maîtres bilingues, examinons les données sur la situation actuelle de cet enseignement en occitan dans l'académie de Bordeaux.

---

[18] Il s'agit de l'Aquitaine aux limites administratives d'avant la réforme territoriale de 2015.

[19] Pour les citer, nous utiliserons seulement les initiales de leur prénom et nom.

On constate tout d'abord que le nombre d'écoles bilingues publiques en Aquitaine augmente régulièrement.

En 2019, l'académie de Bordeaux compte trente-trois sites dans le premier degré. En quinze ans, bien que faible (1 960) en comparaison avec le nombre total d'élèves du premier degré inscrits dans l'académie (307 642) – soit à peine 0,63 % –, le nombre d'écoliers suivant un enseignement bilingue a quintuplé. Si cette progression concerne les cinq départements de l'Aquitaine et si c'est celui des Pyrénées-Atlantiques qui compte toujours le plus d'élèves et d'écoles, c'est dans le département des Landes que, proportionnellement, l'augmentation se manifeste avec le plus de force. La convention signée entre le Rectorat et la Région en 2009 permet le développement de l'enseignement de l'occitan.

Dans l'académie de Bordeaux, en 2015 et 2016 on dénombrait 3 écoles bilingues en Dordogne, 3 en Gironde, 6 dans le département des Landes, 7 en Lot-et-Garonne et 16 dans les Pyrénées-Atlantiques.

Le contexte de chaque département est différent du point de vue des pratiques, des représentations et des affichages de la langue occitane et par conséquent du point de vue de la socialisation de la langue également.

Les écoles bilingues se sont développées d'abord davantage dans les Pyrénées-Atlantiques, puis en Lot-et-Garonne Dordogne et Landes et c'est la Gironde qui ouvrira le plus tard des sections bilingues.

Le nombre d'écoles bilingues et le nombre d'élèves du cursus bilingue augmentent assez régulièrement, grâce aux conventions passées avec le rectorat en témoignent les chiffres du tableau suivant :

Enseignement bilingue public

Tableau n 1: Évolution de l'enseignement bilingue français/occitan pour le premier degré dans l'académie de Bordeaux (2002–2018) [a]

Année	24	33	40	47	64	total
2002–2003	38	0	37	127	154	356
2003–2004	79	0	35	138	179	431
2004–2005	75	0	38	146	185	444
2005–2006	66	0	46	160	231	503
2006–2007	70	0	46	155	256	527
2007–2008	79	0	35	160	331	605
2008–2009	78	0	39	158	370	645
2009–2010	89	0	44	185	426	744
2010–2011	105	0	46	181	457	789

Tableau n 1: Continued

Année	24	33	40	47	64	total
2011–2012	112	19	73	194	468	866
2012–2013	95	41	114	230	531	1011
2013–2014	96	56	140	239	594	1125
2014–2015	141	64	176	268	628	1277
2015–2016	179	115	199	315	719	1527
2016–2017	193	143	232	413	787	1768
2017–2018	193	183	316	410	858	1960

[a] Nous remercions Jean-Marie Sarpoulet, Inspecteur Pédagogique Régional, de nous avoir communiqué ces données chiffrées permettant de suivre l'évolution de l'enseignement bilingue.
Chiffres de l'évolution de l'enseignement bilingue français/occitan pour le premier degré dans l'académie de Bordeaux (2002–2018)

Ce tableau permet de voir assez nettement l'évolution et le développement des sections bilingues en occitan en Aquitaine d'un point de vue global mais aussi par département.

La langue des maîtres

Notre enquête s'est d'abord intéressée à la question de la langue, celle des maîtres (langue héritée ou apprise en contexte scolaire), puis aux pratiques linguistiques en classe qui en découlent.

Quels locuteurs ?

Pour les enseignants interrogés, nous constatons que la plupart ont eu une transmission familiale partielle de la langue. Ils disent avoir entendu leurs grands-parents la parler, comme F. F. (59 ans) qui déclare « *Alòrs, per dire de verai, l'escotar, estar expausat a la lenga: dempuèi mainatge, en Dordonha, a la bòrda de la mameta, e mai que la bòrda, lo trabalh, tot çò que se fasiá a l'entorn ambe los vesins* »[20] ; ou encore S. M. (60 ans) :[21] « *Èi tostemps entenut l'occitan, ne 'm brembi pas d'ua*

---

[20] Alors, pour dire vrai, l'entendre être exposé à la langue : depuis l'enfance en Dordogne à la ferme de ma grand-mère, et plus encore qu'à la ferme, dans le travail tout qui se faisait avec les voisins. Traduction M.A.C.

[21] J'ai tout le temps entendu l'occitan, je ne me souviens pas d'une difficulté de compréhension quand j'étais petit .Traduction M.A.C.

dificultat de compréner quan èri petit » Huit enquêtés sur onze parlent de cette expérience, celle d'avoir baigné dans la langue, sans l'avoir étudiée à l'école. Ils considèrent avoir été d'abord des locuteurs passifs, capables de comprendre sans cependant pouvoir s'exprimer, comme le rappellent plusieurs de nos enquêtés – dont F. M. (73 ans) :[22] « *Abans l'avi entenuda hòrt dens las Lanas de Gironda e tanben èra la lenga familhau carcinhòla au vilatge.* » Cette langue qu'ils ont entendue se pratiquait en milieu rural. Il s'agit donc d'une langue quotidienne authentique qui a vu « son espace communicationnel s'atrophier », situation qui, à partir de la deuxième moitié du XXe siècle, « a tendu vers une substitution généralisée des usages linguistiques sur l'ensemble concerné », selon la formule de P. Gardy et H. Boyer (2016).

Aujourd'hui encore la langue est davantage présente en milieu rural, comme le montre A. Filhon : « Il apparaît tout d'abord que ce sont les agriculteurs, les indépendants et les inactifs qui transmettent [...] le plus leur langue. Il s'agit là pour les deux premiers cas, de professions ancrées localement sur un territoire, ce qui favorise le maintien des pratiques linguistiques. [...] c'est en contexte rural que les langues régionales sont les plus usitées. » A. Filhon, (2010)

Ceux, majoritaires, qui ont bénéficié d'une transmission linguistique intrafamiliale même partielle, parlaient plutôt, avec leurs parents, le français. Mais leur arrière-plan sonore était occitan, véhiculant ainsi une part de la culture traditionnelle, comme le déclare L. A. (31 ans) : « J'entendais tout le temps des chansons, des histoires. » Pratiques ethnoculturelles, répertoire de chants, de danses, contes traditionnels ont aussi constitué le socle culturel de ces enseignants.

Ces enseignants ont donc vécu en univers où plusieurs langues étaient présentes le français bien sûr mais aussi l'occitan et parfois d'autres langues familiales.

Cependant, parmi les plus jeunes, trois n'ont pas entendu la langue dans leur famille. Ils ont bénéficié uniquement d'une transmission scolaire : l'un d'eux était élève de l'enseignement bilingue public depuis la maternelle ; les deux autres ont choisi l'occitan au collège en option, l'ont continué au lycée, puis, après une formation universitaire, y sont revenus. Toutefois, même dans le cadre d'une langue scolaire, apparaissent

---

[22] Avant je l'avais beaucoup entendue dans Les Landes girondines et c'était aussi la langue familiale du village du Quercy. Traduction M.A.C.

Perspective diachronique l'enseignement du basque et de l'occitan

certaines différences. L'enseignement bilingue précoce dès la maternelle permet de bâtir une langue et une culture plus ancrées et plus riches, notamment en raison du temps d'exposition à la langue.

Une transmission scolaire souvent incomplète :

En effet, la continuité pédagogique est loin d'être assurée dans l'académie de Bordeaux. Ainsi, des élèves bilingues ou issus de l'enseignement immersif associatif *Calandreta* se retrouvent rarement dans un collège où un enseignement d'occitan leur serait adapté. Il arrive fréquemment qu'ils suivent l'option pour les débutants. Les lycées n'offrent pas tous non plus d'option de langue. Enfin, l'enseignement supérieur en Aquitaine propose des options à l'Université de Pau et des Pays l'Adour et à Bordeaux Montaigne ainsi qu'un DU préparant au niveau A2 du CECRL (destiné aux débutants) et depuis 2017 une option dans la licence culture humaniste et scientifique. La disparition de la Licence a donc pour conséquence le manque de formation des candidats potentiels aux concours d'enseignement. L'École supérieure du Professorat et de l'Éducation (ÉSPÉ devenue INSPE) a ouvert une formation en occitan aux stagiaires bilingues seulement en septembre 2017 et, à la rentrée 2018, une préparation au CRPE bilingue. D'autre part, depuis cinq ans, la région Aquitaine a mis en place la bourse d'études *Ensenhar* de 4 000 euros pour financer l'année de L3 et de M1 aux étudiants qui s'engagent à passer le CRPE occitan[23]. Le bilan reste mitigé car, malgré cette bourse, le nombre de candidats reste faible, le dispositif n'étant probablement pas encore assez connu. Par exemple, alors que, pour la session de 2018, dix-sept postes étaient ouverts au concours, seuls quatre candidats se sont présentés. La situation s'avère alarmante.

Sans continuité pédagogique, il est difficile de former des locuteurs, puis des enseignants ; or, sans enseignants, il ne peut y avoir de continuité pédagogique. Les associations d'enseignement de l'occitan (les CREO fédérés par la FELCO) dénoncent régulièrement les réformes qui ne font que « supprimer des heures d'enseignement et semblent menées surtout pour économiser des moyens ». Au collège, avec la réforme de 2015, un élève a 32 heures de langue régionale de moins par an. Quant à la réforme du lycée (2018)[24], elle pourrait faire quasiment disparaître l'enseignement

---

[23] Jusqu'à 2018, elle n'a cependant été accessible qu'aux étudiants inscrits dans des formations d'autres académies, ce qui a découragé certains candidats ne souhaitant pas déménager.

[24] Réforme de la confiance op. cit.

de l'occitan. Une politique linguistique volontariste serait nécessaire afin de développer les sites d'enseignement, et donc le nombre de locuteurs, pour ainsi envisager une véritable transmission scolaire.

Quelle formation ?

Les enseignants ayant participé à notre enquête font état d'un intérêt pour la langue et d'une prise de conscience qui les a poussés, pour certains, à se la réapproprier et, pour d'autres, à l'apprendre. La question du déclencheur reste complexe, tous les locuteurs passifs ne faisant pas le choix de s'emparer de la langue. Lien affectif, intérêt linguistique, et divers facteurs apparaissent. Deux enseignants, L. A. (31 ans) et G. C. (28 ans), déclarent que leurs années d'études à l'étranger (Espagne et Mexique pour l'une, Australie pour l'autre) leur ont donné envie de retrouver un niveau d'occitan et, à terme, de l'enseigner, comme si une forme d'expatriation était venue raviver un sentiment d'appartenance. Pour L.A. la découverte d'un plurilinguisme à l'œuvre dans le système scolaire espagnol lui a donné envie de proposer une telle ouverture à son tour en choisissant d'être enseignante bilingue et de faire une place aux langues des élèves en général. Les plus âgés n'ont pas bénéficié de l'enseignement de l'occitan à l'école, mais lorsqu'ils ont intégré l'École normale, la plupart ont suivi un enseignement de langue et de culture. Ainsi N. R. (52 ans) déclare : « *Estudièi a l'Escòla normau, i avè ua formacion hèita per A. Viaut, S. Beringuièr, G. Latry, J.-P. Laliman. Ei comprés que i avé possibilitats.* » À partir de 1990, la création des IUFM remplaçant les Écoles normales sonne le glas de ces enseignements dans l'académie de Bordeaux.

Un autre enseignant met en avant un contexte socioculturel fait de groupes de musique, d'ateliers de danse, et surtout une rencontre avec un collègue maître itinérant d'occitan qui va l'inciter à apprendre la langue lui permettant d'en devenir un locuteur.

Certaines écoles bilingues proposent également des cours pour adultes. Ainsi A.-M. L. (41 ans) : « J'ai entendu l'occitan quand j'étais jeune dans le milieu familial. Nos parents le parlaient quand ils ne voulaient pas que, nous, les enfants, nous comprenions ce qu'ils disaient. Je l'ai appris après être devenue enseignante avec P. G., professeur d'occitan qui donnait des cours à des parents d'élèves bilingues. J'ai suivi sur mon temps personnel ses cours du soir se tenant dans l'école de M. pendant deux heures une fois par semaine ». Cette même enquêtée poursuit plus loin « Je me suis aussi toujours intéressée à l'inclusion en général j'ai passé un certificat d'enseignement un C.A.P.A.S.H. option D. avec des élèves en situation d'handicap et en particulier avec problèmes cognitifs, j'ai passé l'habilitation en langue régionale pour pouvoir exercer en classe bilingue et le C.A.F.I.P.E.M.F. généraliste, j'ai aussi fait une formation à Suresnes pour enseigner en centre pénitentiaire, j'ai enseigné dans les prisons, la prise en compte de l'exclusion m'a toujours interpellée. En centre pénitentiaire j'ai beaucoup aimé enseigner le Fle, je l'ai enseigné à des non francophones ».

Ces expériences de l'inclusion sont transversales et elle poursuit ainsi : « c'est dans ma personnalité d'aller vers les minorités, j'ai enseigné le gascon en C.L.I.S. et en U.L.I.S. j'ai fait mon mémoire sur le C.A.P.A.S.H. op. D sur l'utilisation d'une langue régionale comme tremplin pour la prise de parole, comme les élèves ne sont pas en échec ils sont à l'aise on leur renvoie une image très positive de leur réussite. » La langue régionale est dans ce cas un facteur de réussite et d'inclusion qui s'est mis en place avec tout un projet de création de chants en gascon.

Una autre enseignant bilingue J.L.S., établit un lien aussi :

« Ma sensibilité à la minoration linguistique, ça renforce mon intérêt pour le plurilinguisme et l'accueil de ceux qui arrivent avec d'autres langues ».

Une revendication de l'alternative pédagogique des références aux rénovateurs :

La plupart des maîtres bilingues ne se considèrent pas comme des enseignants « traditionnels ». Certains ont utilisé ou utilisent les techniques pédagogiques mises au point par M. Montessori (en 1907) ou par C. et É. Freinet (dans les années 1920), techniques qui s'inscrivent dans le mouvement de l'Éducation nouvelle élaborée à la fin du XIXe siècle[25]. C'est par exemple le cas de N. R. (52 ans) qui s'y est intéressée ou aussi de J. M. (35 ans) qui enseigne en maternelle avec la pédagogie Montessori. Le conseiller pédagogique de F. M. (73 ans), J. B., appartenait au groupe Freinet et l'a convaincue du bienfait de cette pédagogie active et originale bouleversant profondément la vision de l'école qui devient plus centrée sur l'enfant dans un rapport moins autoritaire à la connaissance. Tout

---

[25] La pédagogie Montessori, accordant une grande place au langage, repose sur l'éducation sensorielle et kinesthésique de l'enfant. Celle du couple Freinet est fondée sur l'expression libre des enfants (textes, dessins, correspondance interscolaire, journal...), la motivation et le travail de groupe.

en appréciant la pédagogie Montessori favorisant l'autonomie des élèves, J. M., grâce au nombre d'années de pratique croissant, peut mieux analyser les avantages et les faiblesses. Elle reconnaît qu'il y a des lacunes dans l'apprentissage des arts et de l'écriture. Comme nous n'avons interrogé que les maîtres bilingues, il est difficile de dire si ces derniers sont plus intéressés par les mouvements pédagogiques de type Freinet ou Montessori que les enseignants monolingues pour qui nous ne disposons pas d'une enquête identique. La recherche portant sur les enseignants exerçant pendant l'entre-deux-guerres réalisée par J. Girault (2009) nous permet toutefois de suivre une relative évolution : à cette époque, 28,4 % des enseignants composant le corpus des témoignages dont a disposé l'historien manifestaient un intérêt pour la pédagogie nouvelle ; 8,6 % en étaient même des militants ; tandis que 2,6 % étaient farouchement hostiles. Il n'est bien sûr pas possible de comparer ni la situation (à cette époque, les maîtres n'étaient pas bilingues), ni les résultats d'une étude menée à partir de cinq cent soixante-dix instituteurs avec ceux d'une enquête s'appuyant sur onze maîtres, mais il est significatif de remarquer que quatre d'entre eux s'intéressent à ou pratiquent la pédagogie nouvelle (soit 36,3 %), ce qui représente une proportion plus importante que pendant les années 1920–1930 [26]. Peut-on en conclure que les enseignants bilingues, du fait de leur parcours, sont plus ouverts aux techniques alternatives ? C'est sans doute mener un raccourci trop rapide. Cependant d'autres chercheurs dans le monde ont constaté l'intérêt d'un enseignement minoritaire ainsi A. Liddicoat (2014) :

« Micro language planning has the capacity to open new spaces in the educational linguistic ecology where relations of dominance can be contested and where alternatives can be enacted »[27], et plus loin, il precise encore, p. 15 : « This study shows that local desires for different repertoires of multilingualism can motivate individuals to take on agency to realise that desire. It reveals a very micro-level of language planning work, however such activities also exist among other micro level agents,

---

[26] Or, pour pratiquer les activités préconisées par Freinet, il faut beaucoup de matériel, à une époque où la plupart des communes étaient pauvres et la hiérarchie réticente.

[27] « Le micro aménagement linguistique a la capacité d'ouvrir de nouveaux espaces dans l'écologie linguistique éducative où les relations de domination peuvent être contestées et où des alternatives peuvent être mises en place. »

for example, informal groups of learners organising themselves to learn a language that is not provided through macro-level institutions[28] ».

L'influence de *Calandreta*

Plusieurs enseignants, comme S. M. (60 ans) ou F. M. (73 ans), insistent sur l'influence de *Calandreta*, école immersive associative, qui propose aussi des activités ou des cours du soir. Ces établissements scolaires gratuits et laïques sont des écoles et collèges bilingues français/occitan dispensant les programmes de l'Éducation nationale et utilisant la pédagogie active inspirée des techniques Freinet pour accompagner l'enfant vers l'autonomie, le partage et la citoyenneté[29]. F. M. a même participé en 1981 à la création de la *Calandreta* de La Teste (Gironde)[30] où elle a pris en charge la pédagogie pendant deux mois, puis son secrétariat : « Ce fut une extraordinaire formation, à la fois militante et linguistique qui m'a également donné un regard critique sur le développement de la *Calandreta*. »

Les différences générationnelles :

Concernant leur formation, les enseignants interrogés ont souvent été diserts. C'est d'abord leur formation initiale et même souvent scolaire qui est évoquée. Leurs propres enseignants constituent souvent une référence qui a participé plus ou moins directement à un désir d'enseigner à leur tour. Plusieurs ont pu citer nommément le professeur de lycée ou d'université qu'ils considèrent être à la source de leur vocation ou une forme de modèle qui les a influencés : pour A. L. (26 ans), ce sont des enseignantes de langue (occitan et espagnol) du secondaire qui lui ont donné envie d'enseigner car ils enseignaient autrement ; pour S. M. (60 ans) il formule clairement l'alternative pédagogique que peut représenter l'enseignement d'une langue régionale : « *un ensenhaire en*

---

[28] « Cette étude montre que les désirs locaux pour différents répertoires du multilinguisme peuvent motiver les individus à prendre des initiatives pour réaliser ce désir. Elle révèle un travail de planification linguistique à un niveau très micro, mais de telles activités existent également chez d'autres intervenants à ce niveau, par exemple des groupes informels d'apprenants qui s'organisent pour apprendre une langue qui n'est pas proposée par des institutions à un niveau macro » Traduction M. C. Deyrich.

[29] La première école de ce type a vu le jour à Pau (Pyrénées-Atlantiques) en 1979. Aujourd'hui, il existe soixante-deux écoles et trois collèges *Calandretas* répartis sur dix-huit départements et concernant environ trois mille six cents élèves. En Aquitaine, il y a quinze écoles et un peu plus de cinq cents élèves.

[30] Cette école a cependant fini par fermer alors qu'elle comptait soixante-dix élèves.

CM2 a costat de Tarba un regent que hasèva ua pedagogia qui s'aparenta a la pedagogia. Freinet, [...] puish ua auta faiçon de víver l'escòla. » J'avais eu un enseignant en CM2 à côté de Tarbes un maître qui faisait une pédagogie qui s'apparente à la pédagogie Freinet, une autre façon de vivre l'école (ce que nous retrouvons dans une autre enquête menée en 2019 et dont nous faisons état plus loin).

Les résultats qui ont concerné la formation initiale ont fait apparaître un clivage générationnel entre les plus anciens et les plus jeunes, l'école normale demeurant une référence très positive dans la mémoire de ceux qui y ont étudié.

La formation plus récente est souvent un peu controversée, et les enseignants les plus jeunes sont bien moins unanimes.

La formation continue :

Dans les déclarations des enquêtés, la formation initiale et continue d'avant les années 1990 semble particulièrement positive. On ne saurait réduire à une forme de nostalgie de tels souvenirs, car ils sont étayés par la différence de moyens alloués à cette formation. Les plus âgés évoquent les nombreux stages auxquels ils pouvaient participer, la durée (entre quatre et cinq semaines par an), la qualité des échanges et des pistes pédagogiques qu'ils pouvaient ensuite explorer. Pour S. M. (60 ans) : « *Es important dens lo noste mestier de sortir de la classa e de l'espiar dab los autes, a la lutz de ço que hè l'aute n'i a pas cap de jutjament mes préner arrèrpè n'es pas possible en duas òras e ei fondamentau e n'at hèm pas*[31]. »

Aujourd'hui, ces périodes sont très réduites ou remplacées par de la formation à distance. L. A. (31 ans) le dit avec force : « La formation continue obligatoire est peu intéressante. » J. M. (35 ans) ne trouve pas très pertinent le fait que les conseillers pédagogiques y imposent leurs recherches, pas toujours adaptées et utiles. Elle considère qu'il serait préférable de construire une formation en fonction des besoins des enseignants. De son côté, le monde associatif réclame « les moyens qu'on avait il y a vingt ans. Aujourd'hui, trop peu de stages sont proposés, et, quand il y en a, ils sont trop courts. »

Quel que soit leur âge, tous les enquêtés apprennent aussi en autoformation. Nous ne développerons pas ce point, mais, que ce soit en

---

[31] C'est important dans notre métier de sortir de la classe et de regarder avec les autres à la lumière de ce que fait l'autre sans aucun jugement mais prendre du recul en deux heures ce n'est pas possible et nous ne le faisons pas. Traduction M.A.C.

occitan ou concernant les mouvements pédagogiques de type Freinet ou la pédagogie immersive, tous continuent à se former.

Un autre point fait assez souvent l'unanimité chez les enseignants interrogés : l'importance du travail collaboratif. En effet, la plupart déclarent avoir reçu un soutien important de leurs collègues et avoir pu ou pouvoir travailler en groupe en dehors du temps scolaire. F. M. (73 ans) le précise bien : « *En occitan i avè ua entreajuda hòrta entre collègas.*[32] »

L'engagement associatif, culturel et/ou politique :

Enseigner en occitan, s'intéresser à la pédagogie nouvelle, apprécier la culture de sa région ne se traduisent pas forcément par un engagement militant.

La majorité de nos enquêtés à avoir eu ou à avoir encore une responsabilité associative sont les plus âgés d'entre eux. Citons par exemple M. R. (64 ans), présidente d'une association depuis 2012. Elle s'étonne que les plus jeunes ne semblent pas émus par la disparition progressive de la culture occitane, ou pas suffisamment informés, ce qui rejoint la faiblesse de leurs réponses au concours de recrutement évoquée plus haut. Alors que, de son côté, J.-M. S. (60 ans) reste positivement marqué à vie par le choc reçu quand il était lycéen : « J'ai découvert que la langue qu'utilisaient mes grand-mères pour parler aux vaches était la langue des troubadours. Je ne m'en suis toujours pas remis ! » Il observe avec tristesse le développement d'un processus de désappropriation de la culture occitane.

Il est évident que l'engagement des plus anciens a servi à créer les écoles bilingues, voire pour certains, les écoles associatives. Les moins âgés sont souvent moins militants, ou moins engagés dans une action culturelle ou collective hors de l'école.

Ces enquêtes nous ont permis de mieux comprendre la formation et le parcours de ces maîtres bilingues, et de constater que, pour nombre d'entre eux, il s'agit d'une vocation. Nous avons pu voir aussi qu'ils envisagent la transmission de la culture et de la langue occitane grâce à une pédagogie renouvelée, souvent inspirée des techniques de Freinet. Ils cherchent également pour la plupart à continuer à se former et à travailler en équipe. Toutefois, le nombre d'enseignants n'est pas suffisant pour

---

[32] En occitan il y avait une grande entraide entre collègues. Traduction M.A.C.

un développement des classes bilingues. La discontinuité pédagogique de la formation initiale engendre des lacunes que la formation continue ne permet pas de combler. Enfin, l'engagement culturel et/ou associatif des maîtres les plus âgés ne se retrouve pas toujours dans les jeunes générations. Mais, dans une majorité de cas, leur parcours d'enseignement les a conduits à avoir une sensibilité à la minoration linguistique. Cette sensibilité a renforcé aussi leur intérêt pour le plurilinguisme et pour un certain nombre d'entre eux, également leur désir d'inclusion.

Entretiens avec d'anciens élèves de l'enseignement bilingue :

Nous avons cherché dans une dizaine d'entretiens semi-directifs à mettre à jour les liens entre enseignement bilingue et intérêt pour le plurilinguisme, auprès d'anciens élèves de l'enseignement bilingue (6) et (4) issus de l'enseignement immersif associatif de *Calandreta*.

Une étude plus approfondie serait nécessaire pour recueillir des données globales, cependant une tendance apparaît dans ces entretiens. La majorité des enquêtés manifeste une sensibilité à la minoration linguistique, et attribue leur intérêt pour le plurilinguisme à l'éducation bilingue en occitan.

Parmi ceux qui associent clairement leur parcours bilingue, à leur goût du plurilinguisme, citons M.C, 21 ans, au moment de l'enquête, née à Toulon mais qui a grandi à Montauban et a fréquenté en maternelle et primaire une école bilingue. Au lycée M.C. étudie 3 langues étrangères anglais, espagnol et italien, après une licence de droit et un master à l'Institut de Sciences Politiques de Bordeaux, l'enquêtée a opté pour un master de journalisme. A l'évocation de ses liens aux langues vivantes elle déclare :

> – « Je me suis vraiment découvert une passion pour les langues étrangères pendant mes études, l'occitan était dans ma famille, mes grands-parents le parlaient mais mon père lui le comprenait sans vraiment parler mais il a gardé des expressions en français »

En ce moment, j'essaie d'apprendre le russe, en fait j'ai envie d'apprendre plein d'autres langues. Franchement c'est vraiment un gros atout pour mon métier de parler plusieurs langues, je suis journaliste sportive. Je m'en rends compte parce que j'ai une facilité à passer d'une langue à une autre, alors que mes amis qui n'ont pas eu ce cursus, n'ont pas cette facilité. Ce passage d'une langue à l'autre est très naturel, comme j'y ai été confrontée dans le cadre scolaire, ça ne me dérange pas, après pour les autres langues, c'est facile.

C'est vrai aussi que j'ai eu de très bons profs en occitan et ça m'a fait aimer les langues, parce que dans ma famille l'intérêt pour les langues en général n'était pas très développé.

J'ai une amie d'école qui est devenue gendarme, elle le disait aussi que l'école bilingue lui avait servi à s'ouvrir aux autres et à aimer les langues.

Dans ce bref entretien apparaissent les thèmes évoqués auparavant. Le lien aux enseignants, le goût du plurilinguisme, et l'ouverture à d'autres cultures.

Si les autres enquêtés établissent aussi un lien entre leur intérêt pour le plurilinguisme, leurs pratiques plurilingues et leur cursus bilingue en occitan c'est ce témoignage qui est le plus clair. Il s'inscrit dans le cadre de nos recherches en sociodidactique que nous développons également à travers un projet basque et occitan.

II.3 Plurilinguisme et altérité linguistique, le projet Euskocc

Un des leviers de transformation du regard sur l'altérité linguistique nous semble être aussi le rapport au plurilinguisme. Pratiquer plusieurs langues soi-même permet d'accéder à une décentration et de découvrir une Autre culture, la culture d'un Autre.

Nous nous interrogeons donc sur les effets du plurilinguisme sur les représentations des enseignants et sur les pratiques pédagogiques qui sont susceptibles d'en découler.

C'est au travers d'enquêtes réalisées auprès d'enseignants de basque et d'occitan de l'académie de Bordeaux, que le Projet Euskocc se développe en partenariat avec un sociolinguiste du CNRS et des didacticiens de l'université Bordeaux Montaigne et de l'Université du Pays basque à Saint Sébastien.

Une méthode de recherche participative a été proposée par nos collègues spécialistes des questions d'inclusion et de plurilinguisme. Cette méthodologie nous a semblé assez novatrice et peu utilisée en France comme l'ont montré A. Aguirre, A. Sales, et P. Escobedo en 2014 dans *Construyendo la escuela inclusiva desde el diagnóstico social participativo*.

Le diagnostic social participatif en contexte scolaire est un outil de transformation sociale car il suscite une prise de conscience par une réflexion collective et permet d'initier des processus de participation – action qui incluent la détection de problèmes et la planification de solutions pour construire collectivement une école inclusive. L'école inclusive, selon les auteurs, développe une éducation en lutte contre les inégalités. Leur proposition méthodologique au travers de cette recherche action participative se fonde sur les concepts d'inclusion, d'interculturalité, de démocratisation, de territorialisation en présentant diverses techniques participatives qui favorisent la participation citoyenne.

La recherche collaborative en didactique des Langues est en développement et selon les termes de V. Miguel Addisu et N. Thamin (2020) peut être considérée comme une « activité pouvant transformer les manières de penser et de faire des collaborateurs lorsqu'ils s'engagent à la fois dans une réflexivité conjointe et des actions complémentaires ».

Le Projet EUSKOCC de recherche sur le bi-plurilinguisme part de l'hypothèse que le bilinguisme des enseignants d'occitan ou de basque entraîne une ouverture au plurilinguisme et une attitude positive envers l'altérité linguistique. Notre étude a commencé par les enseignants.

Le fait de passer d'une langue à l'autre, d'un univers à l'autre, faciliterait les compétences plurilingues et développerait une sensibilité particulière qui pourrait passer par un meilleur accueil de l'altérité.

L'enseignement apprentissage d'une langue minoritaire développerait une sensibilité à la diversité linguistique, aux autres langues, y compris celles des migrants, et ainsi une ouverture à l'altérité qui se traduirait par des pratiques pédagogiques plurilingues et une meilleure prise en compte des élèves allophones.

Les enseignants les plus âgés, ceux qui ont une culture plus développée de l'histoire de la langue et des récits familiaux de l'interdiction de parler la langue maternelle, peuvent trouver un écho dans la situation des enfants migrants dont la langue est souvent ignorée, voire méprisée. Le bilinguisme sensibiliserait aux situations plurilingues conflictuelles ou non.

Nous avons voulu vérifier cette hypothèse en avril 2019 avec cinq autres chercheurs : J. Amiama, didacticien spécialiste de l'inclusion appartenant à un laboratoire *Inkluni* de l'Université du Pays basque (UPV) qui développe une approche de recherche action participative, K. Van der Worp, doctorante spécialiste du plurilinguisme, et E. Pérez, didacticienne des langues et du plurilinguisme ainsi que A. Olçomendy et A. Viaut tous deux membres du laboratoire Iker et respectivement enseignante chercheuse spécialiste de didactique du basque et directeur de recherches au CNRS spécialiste de sociolinguistique. Cette expérimentation qui nous a permis de nous initier aux techniques de recherches participatives a été menée avec la population d'enseignants de basque et d'occitan de l'académie de Bordeaux : environ 80 enseignants.[33]

Après un premier questionnaire en ligne pour mieux connaître cette population et son lien au plurilinguisme nous avons, au cours de stages de formation académique, rencontré ces enseignants et avons travaillé avec la « technique du miroir ».

A. Aguirre, A. Sales et P. Escobedo (2014) précisent :

> « Con la técnica del *espejo*, la información recogida se comparte y analiza críticamente con las personas participantes. Con ella los participantes se posicionan como dueños de su propia información, pudiendo realizar una reflexión crítica sobre la imagen construida con la información elaborada previamente. La demanda inicial se acuerda y concreta, para iniciar así un análisis de la realidad más profundo y detallado en la siguiente fase [34] ».

Ainsi après avoir recueilli et analysé les données du questionnaire selon des techniques quantitatives nous avons commenté ces résultats avec les participants aux stages, enseignants d'occitan et de basque. Chacun a pu s'exprimer oralement mais surtout par écrit sur quelques-uns des thèmes évoqués (ceux que nous avons perçus comme pertinents pour vérifier l'hypothèse de départ concernant essentiellement leurs pratiques linguistiques, leurs représentations et leurs pratiques pédagogiques).

---

[33] Pérez-Izaguirre E., Châteaureynaud M.A. & Amiama J.F. (2021) Teachers' view on the elements that enhance and hamper Basque and Occitan teaching in southern France: an exploratory approach, Diaspora, Indigenous, and Minority Education, 15:3, 151-165, DOI: 10.1080/15595692.2021.1929154

[34] Avec la technique du miroir, l'information recueillie est partagée et analysée de manière critique avec les participants. Ainsi les participants se positionnent comme maîtres de leur propre information, ce qui leur permet de mener une réflexion critique à partir de l'image construite grâce à l'information élaborée antérieurement. La demande initiale fait consensus et se concrétise pour aborder ainsi une analyse de la réalité plus profonde et plus détaillée lors de la phase suivante. Traduction M.A. C.

Le commentaire des résultats par les participants a généré réflexions et propositions.

Nous avons analysé ces résultats et comparé ceux des deux groupes.

Enfin notre expérimentation s'est déroulée pour le groupe des professeurs d'occitan en occitan et en espagnol langue utilisée par les collègues de U.P.V. pour présenter la technique du miroir ; eux-mêmes ont été surpris par le niveau d'espagnol des enseignants d'occitan qui se sont exprimés pour la plupart naturellement et précisément en espagnol pour répondre à leurs interlocuteurs.

Ces enseignants pratiquent le plurilinguisme et une interrogation concernant les enseignants d'occitan est aussi apparue en lien avec ces questions.

Nombre d'entre eux connaissent la variante « standard » de la langue occitane mais enseignent dans la variante locale, l'enseignant d'occitan doit donc s'adapter d'une variante à l'autre. Il faut ainsi passer de la spécificité du gascon, présentant en Béarn par exemple un système de particules énonciatives, entraînant contraction des pronoms (par exemple), à l'aphérèse limousine.[35].

Manifestement pour nombre d'enseignants d'occitan interrogés qui passent du français à l'occitan, au castillan ou au catalan facilement, ces difficultés à l'intérieur de la langue d'Oc n'en sont pas et sont davantage liées à des questions de représentations que de réelles difficultés linguistiques[36].

Plus généralement, même si tous les résultats ne sont pas encore complètement exploités, notre enquête affiche des premières tendances qui montreraient que les enseignants de basque et d'occitan, du fait de l'histoire de leur langue, de la double culture qu'ils assument dans l'école française, de l'accueil des enfants bilingues entre autres et du fait de leur bilinguisme ou plurilinguisme actif, ont développé une sensibilité accrue à cette question de l'accueil linguistique.

---

[35] Cependant, le débat n'est pas clos et une variante standardisée offrira le cas échéant d'autres possibilités, comme le Batua au Pays Basque a pu unifier la langue (son usage écrit et officiel est obligatoire en Hegoalde mais les variantes dialectales existent dans l'usage oral privé.)

[36] Nous émettons cette hypothèse qui donnera lieu à des recherches à venir.

Les résultats de ces entretiens nous montrent que leur représentation de l'allophonie est le plus souvent positive, et qu'ils établissent volontiers des liens entre les différentes langues.

Une majorité (90 % des interrogés) reconnaît les bénéfices du plurilinguisme et déclare prendre en compte le plurilinguisme des élèves (le cas échéant) dans leurs pratiques pédagogiques.

Certains entretiens semi-directifs ont précisé quelles étaient les pratiques de ces enseignants de langues minoritaires lors de la présence d'élèves allophones.

Cette enquête[37] nous incite à penser que les enseignants de basque et d'occitan du fait de leur plurilinguisme ne considéreraient pas dans leur ensemble l'altérité linguistique comme un obstacle mais plutôt comme une chance. Cette représentation positive leur permettrait ainsi probablement de gérer l'hétérogénéité sans la subir, dans une certaine mesure. La mise en place d'une didactique du plurilinguisme ne leur semblerait pas imposée mais choisie.

Par ailleurs, M.J. Verny, en 2019, dans l'article *Enseigner l'occitan de l'opprobre au désir*, rend compte des résultats d'une enquête menée auprès de 134 enseignants d'occitan. Elle remarque aussi l'importance des liens affectifs dans cet enseignement et note l'intérêt manifeste pour le plaisir de pratiquer une pédagogie citoyenne, d'ouvrir à la diversité un enquêté déclare : « vouloir proposer un autre monde, ouvert à la diversité, à toutes les diversités. Pour un monde plus riche et plus tolérant. » Plusieurs enseignants déclarent encore travailler avec des pédagogies innovantes, enfin ils disent l'envie de faire participer « à la richesse culturelle du monde ».

Prendre en compte l'altérité linguistique suppose d'une part de reconnaître la langue d'autrui, celles des élèves, celle du territoire, celles étudiées, les prendre en compte et les valoriser, mais aussi valoriser les compétences des élèves dans leurs langues pour permettre une véritable inclusion et pas seulement une intégration qui parfois s'assimile à une acculturation.

---

[37] Enfin après avoir enquêté auprès de la population enseignante nous nous intéresserons à celle des élèves et nous compléterons cette approche participative par des entretiens individuels avec des élèves issus de classes bilingues ou immersives.

M. M. Bertucci (2007 p .49) semble attribuer à l'enseignement du français langue seconde ce type de rapport entre les langues puisqu'elle déclare :

« L'apport du français langue seconde (FLS) est de construire un rapport nouveau entre les langues en présence dans le contexte scolaire : langue nationale, variété scolaire du français des apprentissages, langues à fort statut comme l'anglais, langues des migrants (J.-L. Chiss, 2006 : 105). Le FLS rend visible aux plans linguistique et didactique une situation sociale jusque-là ignorée, et lui donne une légitimité scolaire. »

Si le français langue seconde et probablement le français de langue de scolarisation permettent de transformer les rapports hiérarchiques entre les langues, il semble néanmoins important de prendre en compte aussi les langues minoritaires du territoire qui ont, dans leur histoire, dû subir la même discrimination que les langues des migrants.

Le plurilinguisme pratiqué et enseigné permettrait donc de participer à un changement de regard sur l'inclusion.

Ce questionnement sur l'altérité linguistique amène un questionnement plus large sur le type d'inclusion. Si on a beaucoup parlé d'intégration, le terme est actuellement contesté.

Par ailleurs, l'affectivité fait référence aux aspects émotionnels que les enseignants connaissent et ils savent qu'une bonne relation avec leurs élèves va stimuler la motivation de ceux-ci à apprendre la langue cible, ces questions ont été évoquées par Z. Dorniey. Bien que cela ne soit pas toujours exprimé directement, les enseignants ont également démontré un lien affectif fort avec la langue cible. Les participants de l'étude *Euskocc* ont cherché à transmettre ce lien émotionnel aux élèves en développant le bien-être des élèves, en prenant soin du climat de la classe et par l'innovation didactique et pédagogique. L'enseignement du basque et de l'occitan étant optionnel, les enseignants s'engagent dans une réflexion approfondie sur l'innovation et les projets pédagogiques afin de rendre leur option attractive, et de motiver les élèves, pour transmettre la langue. (Le choix des options est souvent impacté négativement par un discours utilitariste.)

Nos résultats sont en accord avec l'étude de P. Ripolles et al. (2014), puisque selon ces enseignants, travailler sur les éléments affectifs de la relation enseignant-élève permet d'améliorer le processus cognitif impliqué dans l'acquisition d'une langue. A cet égard, en évoquant leur cours, les enseignants ne se sont pas référés aux approches grammaticales,

Plurilinguisme et altérité linguistique, le projet Euskocc

syntaxiques ou classiques de l'apprentissage des langues. Ils font référence plutôt à des projets. Cela pourrait indiquer aussi que leurs cours sont ancrés dans l'approche actionnelle.

Nous nous sommes demandés comment les enseignants basques et occitans décrivent leur propre implication dans l'enseignement de la langue cible. Il convient de mentionner que ces enseignants ont attesté d'un niveau élevé d'implication dans l'enseignement de la langue cible, le lien affectif n'étant possible que grâce à l'investissement émotionnel des enseignants. Leur implication suppose un ensemble de stratégies flexibles pour s'adapter aux besoins des élèves, et la mise en œuvre une pédagogie de projet. Cette dernière comprend souvent un ensemble de ressources numériques ou culturelles qui renforcent la motivation et la participation des élèves dans leur matière (Campo Bandres, 2018).

Nous nous sommes également demandés comment les enseignants de basque et d'occitan décrivent la motivation dans l'enseignement et l'apprentissage de la langue cible. Nous avons constaté qu'ils ont décrit la motivation de deux manières différentes, l'une en fonction de leur propre motivation en tant qu'enseignants et l'autre en fonction de la motivation des élèves. Pour les participants à cette recherche, l'implication et la motivation des enseignants dans l'enseignement d'une langue sont importantes et renforcent la motivation des élèves. Ceci corrobore les recherches précédentes (cf. Arozena et al., 2015 ; Dubiner et al., 2018 ; Murchadha et Flynn, 2018) selon lesquelles, les attitudes des enseignants envers une langue ont un impact sur les attitudes des élèves envers celle-ci. Ainsi les recherches futures pourraient porter sur l'impact de la motivation des enseignants sur la motivation des élèves dans l'apprentissage des langues minoritaires.

Les enseignants de basque et d'occitan enquêtés ont mentionné plus ou moins directement l'importance de la motivation intrinsèque et extrinsèque, en accord avec H. Gardner (2005) et K. Bower (2019). La plupart d'entre eux ont souligné le rôle de la méthode pédagogique utilisée pour renforcer la motivation tant extrinsèque qu'intrinsèque. Nous soutenons que le lien émotionnel créé par l'enseignant est un facteur extrinsèque qui affecte les élèves, mais qui pourrait à long terme devenir intrinsèque.

Enfin, selon ces professeurs d'occitan et de basque, et conformément à la théorie présentée par Z. Dörnyei (2001), les élèves ont montré une motivation en raison de relations intégratives et affectives avec la langue,

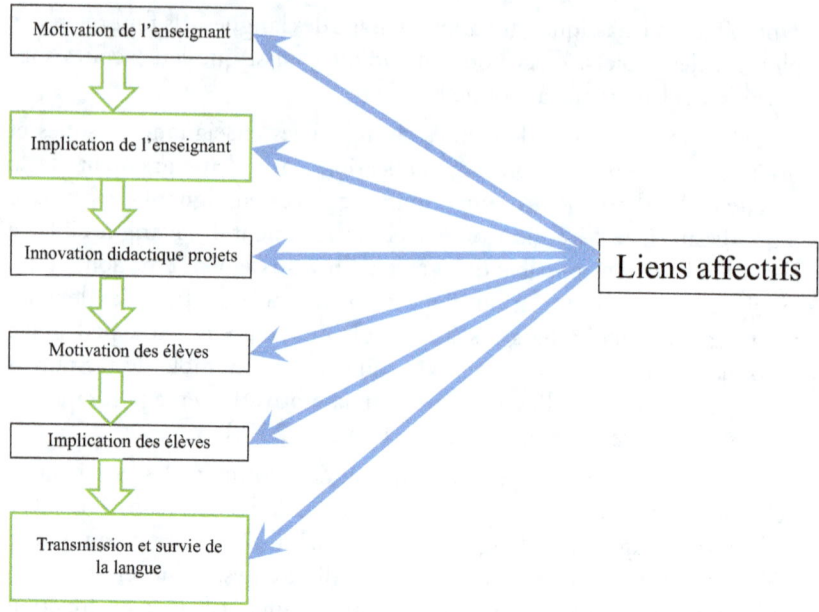

Schéma N 1: Affectivité et enseignement des langues minoritaires.

c'est-à-dire parce qu'ils avaient eux-mêmes développé un lien émotionnel et souhaitaient faire partie de la communauté linguistique. Les facteurs socioculturels et ethnolinguistiques ont également eu un impact sur leur choix. En outre, la dimension liée au contexte éducatif ne doit pas être ignorée, car les élèves semblent apprécier les cours axés sur des projets que proposent ces enseignants.

Dans la figure 1, nous représentons l'impact de l'affectivité dans la transmission des langues minoritaires. Ainsi le lien affectif des enseignants avec la langue minoritaire qu'ils enseignent les motive et les aide à s'impliquer dans leur enseignement.

II.4 Projet Atxaga

Parmi les pistes didactiques explorées pour un développement du plurilinguisme pour l'établissement de liens entre les diverses langues en présence dans les classes et l'inclusion, l'exploitation d'albums de jeunesse semble une approche privilégiée dans l'enseignement primaire.

Projet Atxaga

Aussi, à partir d'une œuvre basque de littérature de jeunesse nous avons mené une expérimentation de lecture suivie en UPE2A et en classes bilingues, l'objectif étant le développement des compétences en lecture et des compétences plurilingues. Réalisée en collaboration avec une enseignante d'UPE2A, M. Oroz Aguerre, cette expérience a été présentée et publiée en 2016 *Plurilingüismo y literatura infantil: la aventura plurilingüe con una obra de Bernardo Atxaga*, et en 2019 « *Aventure littéraire plurilingue en contexte scolaire frontalier : développement des compétences de lecteurs chez les élèves allophones à travers la lecture d'une œuvre longue et de ses différentes traductions, Shola et les lions, de Bernardo Atxaga.* »

Nous avons cherché à établir un lien entre les langues en présence sur le territoire basque.

L'inclusion des élèves allophones incite les enseignants à penser la mise en place de pratiques plurilingues au sein de leur classe. A l'instar d'autres chercheurs en éducation, il nous semble que les œuvres de littérature de jeunesse sont un media privilégié pour développer les compétences de lecteur, l'accès à la littérature, l'analyse de l'image, enfin le goût de la lecture. Certains romans illustrés pour la jeunesse peuvent conduire également à la prise en compte du caractère multilingue des territoires. Nous avons centré notre expérience sur le texte d'un auteur basque, B. Atxaga. En effet cet auteur, traduit dans de nombreuses langues, publie des œuvres de littérature de jeunesse d'une grande richesse. C'est avec *Xolak badu lehoien berri*[38] [*Xola et les lions*] ainsi que plusieurs de ses traductions que nous avons conçu un projet dans des classes plurilingues (UPE2A et Classe bilingue français basque). En effet, c'est une œuvre reconnue et recommandée par le ministère de l'Education Nationale en particulier dans les listes de référence *La littérature à l'école* (2013).

Le choix de la littérature de jeunesse

Nous voulions vérifier si « l'aventure littéraire », selon le concept de C. Tauveron, permettait de développer les compétences plurilingues de ces élèves en valorisant les langues familiales des enfants migrants allophones et les langues de scolarisation qui sont dans ce cas le français, mais aussi le basque. Nous nous sommes interrogées sur des stratégies pédagogiques efficaces développant les mécanismes de compréhension plurilingue, accroissant l'intérêt pour la littérature et améliorant

---

38

l'inclusion. Ce dispositif a, semble-t-il, permis de développer certaines compétences plurilingues en langue et en lecture. Si les programmes du cycle 2 du Bulletin Officiel de novembre 2015 précisent que « ce cycle constitue le point de départ de l'apprentissage des langues vivantes pour tous les élèves [...] et contribue à poser les jalons d'un premier développement de la compétence plurilingue des élèves », nous constatons que cette compétence dans les faits est très peu développée. L'enseignement des langues, limité à 1H30 par semaine n'est pas imparti régulièrement dans toutes les classes. Les constats les plus récents font état de ce dysfonctionnement et un temps spécifique octroyé à l'acquisition de compétences plurilingue est donc, dans ce contexte, très rare.

Sans formation spécifique, sans temps imparti exclusivement à cet apprentissage, la mise en œuvre reste exceptionnelle.

Pourtant selon les travaux d'A. Young et de L. Mary (2016), un « processus de décentration et de sensibilisation » est nécessaire pour « faire évoluer les représentations ancrées dans une idéologie nationale depuis des siècles. » Dans cette dynamique, d'un enseignement plus inclusif et à l'instar de N. Auger (2007) ou de C. Perregaux (2004) qui proposent de développer une pédagogie de l'inclusion en prenant en compte les langues d'origine des élèves, il nous semble nécessaire de mettre en œuvre une diversité linguistique au sein de la classe pour favoriser les apprentissages. Il nous semble donc important non seulement d'inclure les langues des élèves mais aussi les langues du territoire, le basque dans le cas qui nous intéresse ici. Ainsi langues du territoire, langues des migrants, langue(s) de scolarisation doivent avoir leur place pour développer les compétences des élèves, leur réussite et leur inclusion. Cette approche qui s'intéresse d'une part aux langues des élèves, aux langues de la classe et aux langues du territoire est encore peu développée, malgré les travaux précurseurs de C. Cortier (2009) qui avait bien mis au jour tout l'intérêt didactique des langues endogènes et précisait au sujet d'un projet européen, dans son article *Vers une didactique convergente des langues collatérales et de proximité : éducation bi/plurilingue et projets interlinguistiques* :

> Notre projet est un projet didactique qui vise à faire connaître, reconnaître, prendre en compte, didactiser dans le milieu scolaire et éducatif et au cœur de la classe les langues et variétés de langue présentes dans le contexte local/régional, les répertoires et pratiques langagières et le type d'interactions auxquelles elles peuvent donner lieu, tout en intégrant cependant la dimension

patrimoniale. A ces matériaux élaborés seront intégrés ceux des langues voisines
ou étrangères grâce aux réseaux d'échanges d'enseignants et aux documents créés dans les autres régions

Le rapport Taylor Manes-Bonnisseau (2018) *Pour une meilleure maîtrise des langues étrangères* précise encore que « les travaux des chercheurs concordent en effet pour montrer que les langues n'entrent pas en concurrence les unes avec les autres, mais qu'au contraire elles s'enrichissent mutuellement car les compétences acquises sont transférables d'une langue à l'autre. »

Par ailleurs, l'accès à l'écrit est au cœur des apprentissages dans le système scolaire, dès la fin du Cours Préparatoire une grande partie des apprentissages passe par l'écrit. L'écrit un le lieu du pouvoir symbolique et tous les élèves doivent pouvoir le maîtriser.

La lecture tient une place centrale dans les apprentissages, et P. Rayou (2015) a montré à quel point les compétences qu'elle implique peuvent être discriminantes. L'accès à la lecture est donc aussi un accès à un lieu de pouvoir. En outre, la lecture extensive amène de nombreux bénéfices et peut aussi permettre à terme l'accès à ce que C. Tauveron nomme « l'aventure littéraire » (2002 p. 9), celle qui « met en scène le livre dans le livre : comme objet de quête ou objet en train d'être lu, grille de lecture du monde et grille de lecture de soi, lieu de vie de personnage ou personnage à part entière ». C'est cette aventure qui fera entrer les élèves en littérature. L'exploitation d'un roman illustré pour la jeunesse nous semble donc pertinente pour développer compétences en lecture, compétences plurilingues et initiation à la littérature.

Le choix de l'auteur

Permettre aux élèves, allophones ou non, de découvrir un auteur plurilingue, qui écrit en basque, langue du territoire et de scolarisation, nous a amenées à choisir un roman illustré pour la jeunesse de B. Atxaga. Le choix de l'auteur se justifie par la qualité de ses œuvres et un plurilinguisme assumé.

Il s'agit d'un auteur né en 1951 à Asteazu en Guipuzcoa, primé plusieurs fois dans sa carrière ; il est également reconnu comme créateur d'un univers littéraire : Obaba village imaginaire. Son œuvre est abondante, elle est constituée de romans, essais, recueils de poésie, théâtre et de littérature de jeunesse, elle est actuellement traduite en 32 langues. Cet auteur contemporain, lui-même polyglotte, explique son rapport aux diverses langues par le bain plurilingue dans lequel il vivait dans sa jeunesse :

B. Atxaga, déclare ainsi dans *Mi primera lengua*:

> [...] Así pues, cinco eran las lenguas que, hacia 1960, en un pequeño pueblo del País Vasco, nos resultaban más o menos familiares: el euskara, el castellano, el latín, el francés y el inglés. Ignoro en qué medida influyó el hecho en nuestra vida, en la mía y en la de muchos vascos. En todo caso, resulta evidente que nos dio una conciencia lingüística especial; que todos tenemos, bien que de forma amateur o naïf, algo de lingüistas. [...] Le dije [a la periodista estadounidense] que éramos bilingües, y que, como escritor, también publicaba en las dos lenguas; que por ese lado, de no ser el dos menor que el uno, sólo veía ventajas.

« Ainsi vers 1960, dans un petit village du Pays basque il y avait 5 langues qui nous étaient plus ou moins familières : le basque, le castillan, le latin, le français, et l'anglais. J'ignore dans quelle mesure ça a eu une influence dans notre vie, dans la mienne, et celle de nombreux basques. En tout cas, il est évident que ça nous a donné une conscience linguistique spéciale, car nous sommes tous, même de façon amateur, de façon naïve, un peu linguistes. [...] J'ai dit à la journaliste américaine que nous étions bilingues, et que comme auteur, je publiais dans les deux langues ; et que de cette façon comme deux n'est pas moins qu'un, je n'y voyais que des avantages. »[39]

Ce plurilinguisme assumé a fait naître aussi une conscience linguistique de sa langue maternelle, le basque. C'est dans le roman phare de son œuvre romanesque, *Soinujolearen Semea* [Le fils de l'accordéoniste], publié en 2003 en basque, puis en français en 2007, (et en japonais en 2020) que l'acuité de cette conscience linguistique est la plus prégnante.

Il y exprime nettement le risque de disparition de la langue et compare la fragilité de ses mots à celle des flocons de neige qui peuvent fondre en effleurant le sol, dans un poème incipit :

« Ainsi meurent/les mots anciens/comme des flocons de neige/qui après avoir hésité en l'air/tombent au sol, sans un gémissement, je devrais dire en se taisant » (...)

---

[39] Traduction M.A.C.

> Holaxe hiltzen dira
> Antzinako hitzak:
> Elur malutak bezala,
> Airean zalantza eginez
> Instant batez, eta lurrera eroriz
> Kexurik isuri gabe.
> Esan beharko nuke: ixil ixilik.

S'il écrit en basque, il fait également lui-même souvent la traduction en espagnol qui est presque ainsi le plus souvent une réécriture. Son œuvre pour la jeunesse est prolifique, il en a une conception précise qu'il expose dans *Alfabeto de la literatura infantil*. En outre, au travers des différents personnages qu'il crée, sa conception plurilingue apparaît au fil de ses romans : ainsi Urkizu' le plus jeune matelot de l'équipage, qui va apprendre les langues des ports où son bateau fait escale pour résoudre divers problèmes, dans le roman pour la jeunesse *Ternuako Penak* [Chagrins de Terre neuve]. Le jeune héros dont les aventures sont utilisées dans des manuels scolaires attire intérêt et sympathie de la part des élèves qui s'identifient rapidement au personnage. Certaines éditions scolaires ont bien perçu les avantages de proposer un extrait littéraire mettant en scène ce protagoniste qui utilise ses compétences plurilingues, elles proposent une exploitation pédagogique réflexive d'un extrait qui amène les élèves à s'interroger sur leurs propres pratiques linguistiques.

En outre, la collaboration au long cours avec M. Valverde, illustrateur reconnu de littérature de jeunesse, va enrichir le texte et donner un visage à certains personnages, comme l'emblématique petite chienne *Xola* (ou Shola en français), dont les aventures sont traduites dans de très nombreuses langues. C'est en particulier *Shola et les lions*[40] qui a été retenu. L'auteur y met en scène pour la première fois Shola, petite chienne, qui découvre, grâce à un livre documentaire, les caractéristiques du lion. Elle s'interroge alors sur sa propre identité et se prend pour une lionne. Enfin, Bernardo Atxaga a bien voulu participer à la journée finale du projet et a fait aux élèves une démonstration chaleureuse de son plurilinguisme. Il s'est naturellement exprimé tour à tour dans trois

---

[40] Livre recommandé par le ministère de l'Éducation nationale, dans la catégorie des « romans et récits illustrés »: Ministère de l'Éducation nationale, La littérature à l'école. Listes de référence, Cycle 2

langues, français, basque et espagnol pour répondre aux questions des enfants.

L'expérience

Cette expérience a été menée dans une UPE2A et une classe bilingue basque/français, dans le département des Pyrénées-Atlantiques (académie de Bordeaux). Les élèves d'une UPE2A scolarisés dans une classe ordinaire bénéficiaient dans le cas présent d'une heure quotidienne de prise en charge spécifique. Un dispositif a été mis en place en 2016 à partir de la lecture suivie de *Shola et les Lions*. Il a été centré sur le répertoire des langues d'origine des élèves de l'UPE2A, mais en tenant compte des langues du territoire et de l'école bilingue français/basque (60 % des élèves d'une des écoles concernées bénéficiaient d'un enseignement bilingue français/basque, avec alternance des journées et des langues.) Les élèves de l'UPE2A de cette école pouvaient être scolarisés à mi-temps en basque et à mi-temps en français. Mais en 2015/2016, aucun élève de l'UPE2A ne suivait une scolarité en basque avant d'arriver. Les élèves de l'UPE2A n'étaient donc pas scolarisés en basque. Cependant sur le temps d'enseignement en français, ils se retrouvaient avec les élèves qui eux, étaient scolarisés en basque, la moitié du temps.

Parmi les langues maternelles des élèves plusieurs avaient pour langue maternelle l'espagnol, certains le roumain et d'autres le portugais.

L'œuvre de littérature de jeunesse choisie, écrite dans sa version originale en basque, a été utilisée dans ses versions anglaise, allemande, espagnole, française, et turque. Les séances de lecture étaient en français, le texte en français était sur support numérique et celui en espagnol sur livre, le texte à lire à la maison en version papier étant proposé dans les deux langues (les CM2 étant dans l'intercompréhension entre langues romanes, roumain/français ou espagnol, portugais/français ou espagnol). Les évaluations diagnostiques se sont déroulées en langue d'origine, et les évaluations sommatives, en français. Les exemplaires en langues basque, turque, anglaise et allemande ont été utilisés dans les exercices de comparaison des langues, au cours de l'expérimentation.

De façon parallèle, cette expérience a été menée avec une classe de 15 CM2 bilingues, des élèves scolarisés la moitié du temps en français et l'autre moitié en basque. Les modalités du dispositif étaient différentes, en alternant une séance de lecture suivie en basque, avec une séance en français (et recours au texte en espagnol). Les exemplaires en langues turque, anglaise et allemande étaient utilisés dans les exercices de comparaison des langues, au moment des séances en langue française. Les exemplaires en basque étaient utilisés au cours des séances de lecture suivie en langue basque, et aussi en français pour comparer.

Les évaluations diagnostiques et sommatives se sont déroulées en langue de scolarisation, c'est-à-dire en français pour les élèves de la classe de CM2.

Le dispositif a pris appui sur les compétences linguistiques des élèves pour accéder à la lecture de textes longs qui viennent eux-mêmes enrichir le répertoire des langues maternelles et de scolarisation des élèves. Les élèves ont donc produit des textes en français à partir du livre de B. Atxaga, et ont aussi réalisé un *kamishibai* plurilingue, afin de présenter l'œuvre à d'autres classes, en réinvestissant les différentes expressions. Ce dispositif a aussi permis de développer le plaisir de lire, l'accès à la littérature. A l'issue de cette expérimentation, les élèves sont devenus experts et ont pu développer des compétences plurilingues en lecture.

Outre ces expérimentations qui incluent l'occitan et le basque dans une perspective plurilingue, des données complémentaires ont été recueillies prenant appui sur l'observation de la mise en en œuvre d'approches plurielles dans des classes et l'encadrement de mémoires de recherche en éducation : Master Métiers de l'Enseignement et de l'Education MEEF, ingénierie de la formation ou encore mémoires de formateurs, comme le Certificat d'Aptitude aux Fonctions d'Instituteur ou de Professeur des écoles Maître Formateur (CAFIPEMF).

II.5 Séminaires langues et retours d'expérimentations plurilingues : mémoires sur approches plurielles incluant les langues endogènes

Les séminaires Langues menés pendant une dizaine d'années à l'INSPE avant ESPE et IUFM d'Aquitaine ont permis de développer une sensibilisation auprès des étudiants de master MEEF aux questions de plurilinguisme, d'éveil aux langues et d'accueil des élèves allophones dans le cadre de la direction de nombreux mémoires sur ces questions.

L'encadrement de ces mémoires de Master montre que le plurilinguisme intéresse les futurs enseignants.

Il apparaît donc que lorsque cette didactique peut être abordée dans le cadre de la formation initiale elle est susceptible d'attirer l'attention des enseignants stagiaires. La plupart des participants souhaitent mettre en place des activités pédagogiques plurilingues et développent par la suite des projets autour de ce thème.

Ils intègrent l'idée qu'il s'agit de développer chez les élèves une vision positive du plurilinguisme qui leur permette de se construire et de construire une identité « augmentée ».

Les activités mises en place dans les classes à titre d'expérimentation permettent aux stagiaires de percevoir l'intérêt de la démarche plurilingue et son caractère transdisciplinaire. Les séquences proposées peuvent être en lien avec l'EMC, l'éducation artistique, l'éducation physique et sportive, etc.

Ces séminaires nous indiquent que les stagiaires, sensibilisés aux questions de sociolinguistique et sociodidactique, à l'altérité linguistique, mettent volontiers en place dans leur classe une démarche appartenant aux approches plurielles.

Les séminaires Langues de l'INSPE peuvent être considérés comme un observatoire de ces expérimentations et montrent comment les étudiants s'emparent des approches plurielles en associant langues des migrants et langues de France. En dirigeant plus de 90 mémoires MEEF premier ou second degré (Professeurs des Lycées et Collèges et Professeurs de Lycée Professionnel), ainsi que des mémoires en ingénierie de l'éducation parcours PIF en didactique, entre 2013 et 2021 nous avons pu observer les processus d'appropriation par les stagiaires de ces concepts. Environ un tiers des mémoires concernent les approches plurielles, et cette expérience d'encadrement qui se poursuit, permet également de suivre au plus près des classes les mises en œuvre des approches plurielles dans des écoles où elles étaient jusqu'alors plutôt absentes.

Apparaissent donc des invariants dans ces productions de professeurs stagiaires qu'il est possible de catégoriser.

Le choix de la problématique :

Leur intérêt pour le plurilinguisme et l'inclusion se centre sur deux grands pôles : un qui concerne les langues, la phonologie, les compétences linguistiques, les transferts d'une langue à l'autre et un autre pôle qui concerne plutôt l'altérité, les valeurs éthiques, l'interculturalité et l'éducation à la citoyenneté. Ce second pôle renvoie à la question du savoir-vivre ensemble, et au respect des identités.

L'intérêt pour une meilleure inclusion apparaît central dans un grand nombre de problématiques :

Pendant leur stage d'observation, en première année de master, de nombreux étudiants sont confrontés à des situations de classe où des enseignants de classe ordinaire doivent prendre en charge des élèves allophones et parfois aussi des enfants du voyage. C'est donc naturellement qu'ils s'interrogent, par la suite, dans le cadre du séminaire sur les pratiques enseignantes, les modalités d'inclusion et choisissent de traiter cette question dans leur mémoire de Master 2. Par exemple A.G. (2018) *Eveil aux langues et inclusion des EFIV*, ou A.D. (2018). Les mémoires concernent aussi l'inclusion linguistique en général et incluent la lsf. Par exemple : *Enjeux de l'initiation à la LSF pour des entendants* (P.5) :

> « Comment faire apprendre une langue et communiquer avec des enfants malentendants ou sourds, comment enseigner la langue des signes, réaliser un éveil à la langue des signes à l'école maternelle ou élémentaire, puis quel lien entre le monde malentendant et sourd avec celui des entendants, impliquant une intégration, et des moyens de communication. Du fait de tous ces questionnements, de ma situation en tant que professeur des écoles stagiaires et ayant ma classe à mi-temps, j'ai fait le choix d'axer mon mémoire sur la problématique suivante : Initier des élèves entendants à la LSF : quels enjeux ? »

Une partie théorique centrée sur l'éveil aux langues :

La partie théorique rend compte des approches plurielles, fait référence le plus souvent aux travaux de M. Candelier, et au site du cadre de référence pour les approches plurielles des langues et des cultures (CARAP).

La référence aux textes officiels est incontournable et les enseignants stagiaires s'appuient sur les différents rapports de l'éducation nationale sur les langues qui invitent à ces approches. Ainsi les divers mémoires font référence aux textes officiels en particulier : aux nouveaux programmes de 2015 qui énonçaient déjà : « à partir de la moyenne section, ils vont découvrir l'existence de langues, parfois très différentes de celles qu'ils connaissent. Dans des situations ludiques ou auxquelles ils peuvent donner du sens, ils prennent conscience que la communication peut passer par d'autres langues que le français[41]. »

---

[41] Programme d'enseignement de l'école maternelle arrêté du 18-2-2015-J-O du 12-3-2015

La référence au guide pour l'élaboration des politiques linguistiques éducatives en Europe est aussi fréquente et en particulier le chapitre 5 p. 67 « L'éducation au plurilinguisme, qui vise à faire prendre conscience de la manière dont les diverses langues naturelles fonctionnent pour assurer l'intercompréhension entre les membres d'un groupe, peut conduire à une motivation accrue, à une curiosité pour les langues, qui conduit à développer son propre répertoire linguistique. »

La partie expérimentale :

Les mémoires dirigés dans les séminaires de l'INSPE qui concernent le plurilinguisme utilisent des méthodologies de recueil de données en sciences humaines et elles sont diverses.

Toutefois, on peut distinguer deux grandes catégories : les mémoires qui émettent une hypothèse et qui pour y répondre vont mener des entretiens et faire des questionnaires divers et ceux qui proposent une expérimentation dans leur classe des pratiques plurilingues avec observations, et des évaluations diagnostiques.

II.5.1 Les enquêtes

A l'aide de questionnaires, les étudiants cherchent à savoir quelles sont les relations entre inclusion et plurilinguisme et essaient d'établir des liens entre la formation, la pratique d'autres langues et les pratiques de classe. Les questions de représentation occupent une place importante dans ces recherches.

Les stagiaires qui mènent ces enquêtes sont parfois un peu déçus de voir le peu de pratiques effectives plurilingues dans les classes. En effet, ces diverses études montrent que les enseignants ne s'impliquent pas tous dans ces approches plurielles.

Ces travaux tentent aussi de mettre à jour les causes de cet état de fait.

Par exemple, M.C.J. (2016) précise : « En effet, ayant lu les nouveaux programmes et au vu des cours dispensés en Ecole Supérieure du Professorat et de l'Education (ESPE), l'enseignement des langues ne me semblait pas une évidence en maternelle. Suite à ce constat, j'ai souhaité me renseigner afin de savoir quelles sont les préconisations actuelles en la matière, si certains collègues le mettent en pratique et également de quelle manière ils le dispensent. Je me suis rapidement rendu compte que peu d'enseignants en école maternelle le mettent en pratique en classe et que le nombre de ressources pédagogiques est relativement faible »

Les mémoires montrent à petite échelle, que parmi les difficultés rencontrées le sentiment d'incompétence en langue est le principal écueil. Lors d'enquêtes menées sur les pratiques plurilingues en classe, 79 % des enseignants interrogés qui n'osent pas franchir le pas, déclarent ne pas maîtriser suffisamment une langue étrangère, voire les langues étrangères citons par exemple : A.L. (2014) « Je ne fais pas d'éveil aux langues dans ma classe car je ne pratique pas les langues étrangères. ». D'autres insistent sur le manque de formation. Ils ne perçoivent pas, dans l'éveil aux langues, la dimension d'éducation aux langues mais plutôt des compétences linguistiques supposées.

Le manque de formation et d'information sur les approches plurielles et pratiques plurilingues est régulièrement évoqué pour justifier la non pratique, en classe, de ces approches. Cependant, c'est le sentiment de non compétence en langue étrangère qui reste le principal blocage, alors même qu'il ne s'agit pas d'un apprentissage.

Le lien entre pratiques plurilingues personnelles de l'enseignant et pratiques professionnelles semble assez net, au vu des diverses enquêtes menées dans les mémoires. Les enseignants stagiaires qui ont interrogé des enseignants en poste ont pu constater que la pratique du plurilinguisme était un facteur qui favorisait l'enseignement des langues et en particulier les approches plurielles. L. D. (2018) p. 27 évoque les participants d'un projet plurilingue et écrit « Presque chaque participant à ce projet a été sensibilisé au plurilinguisme dès son enfance. De plus, chaque participant parle à minima deux langues étrangères. On peut donc faire l'hypothèse que la participation à un tel projet, tant riche sur le plan pédagogique que le plan sociolinguistique, est en partie liée à la place des langues dans le parcours personnel de chacun. »

Enfin, il semblerait aussi que les représentations des enseignants sur l'inclusion linguistique puissent avoir une influence sur leurs pratiques car certains perçoivent cette inclusion comme une contrainte et la vivent comme une difficulté de plus, ou un degré de plus dans la gestion de l'hétérogénéité de la classe. C'est ce qu'a pu constater aussi M.S. (2014) p .40 ; elle précise que la présence d'allophones dans la classe de CM2 qu'elle a observée et à partir de laquelle elle a mené des entretiens, vient « accentuer » l'hétérogénéité du groupe.

II.5.2 Les expériences en classe

Toutefois, des formateurs accompagnent de plus en plus souvent la mise en place en classe d'éveil aux langues et de nombreux stagiaires se lancent dans ces projets : les langues de la classe, des langues du monde et celles du territoire l'occitan ou le basque, sont fréquemment évoquées.

Citons trois exemples courants d'activités d'éveil aux langues mises en œuvre dans les classes :

Les biographies langagières, sous forme souvent de fleurs des langues ou de questionnaires où les élèves peuvent faire état de leurs compétences en langue, langue familiale, scolaire, etc. sont très utilisées. Les élèves peuvent rendre compte de leurs expériences linguistiques, et culturelles.

Ainsi un exemple dans les mémoires de J.C. (2019) ou P.S. (P. 24) (2019) :

« Tout d'abord, les élèves ont dû répondre à des questions relatives aux langues les concernant et ce, afin de réaliser une évaluation diagnostique de leurs connaissances. La biographie langagière permet à l'apprenant de prendre conscience de ses compétences dans chaque langue et de valoriser ses expériences vécues avec chaque langue. Ici, il était question de s'intéresser à la diversité linguistique des élèves, les questions ont donc été choisies afin que les élèves recensent les langues qu'ils connaissent suivant un environnement précis (entendues, parlées, comprises, …) ».

J.C. (p. 24) constate que « la langue enseignée à l'école étant l'anglais, les élèves l'ont tous mis dans les langues apprises sauf pour un puisqu'il s'agit de sa langue maternelle. Les élèves dont la langue maternelle est différente du français ont aussi mis le français dans les langues apprises car il s'agit de leur langue de scolarisation et non de leur langue familiale. Mais d'autres élèves ont appris d'autres langues en dehors de l'école comme l'espagnol, le créole ou encore l'occitan ».

Cette enseignante stagiaire précise plus loin que pour faire évoluer le rapport des élèves au plurilinguisme elle développe dans sa classe des approches plurielles, elle s'intéresse également aux valeurs portées par le plurilinguisme pour ce qu'elles amènent en termes de relation à l'Autre J.C. (2019). Elle a choisi d'utiliser des langues amérindiennes, l'espagnol et réalise un kamishibai en occitan.

La création d'arbres polyglottes est aussi très utilisée par les stagiaires : ces arbres, de création artistique, permettent à chaque élève d'exprimer son rapport aux langues et de découvrir quelques mots, dans diverses langues. L'article de M. O. Maire Sandoz (2008), étudié dans le séminaire, où elle évoque celui de l'école de Chantemerle à Chambéry le Haut en précisant : « Les pétales colorés représentent les langues parlées, comprises, entendues, vues écrites ; les fruits oblongs sont calligraphiés de mots choisis et traduits en différentes langues ». Ces pratiques inspirent donc régulièrement les expérimentations des professeurs des écoles stagiaires. Comme A.G (2020), qui dans sa classe a fait un arbre où le feuillage est constitué de langues aussi variées que le lingala, le coréen, l'occitan etc.

Les travaux de M. Candelier et l'éveil aux langues souvent évoqués donnent lieu à des pratiques telles que les activités de voyages virtuels, avec utilisation de comptines, de lectures par des parents natifs, de contes ou de poèmes. Plus récemment I. Graci, M. Rispail et M. Totozani (2017) ont évoqué dans *L'arc en ciel de nos langues* des expériences plurilingues et interculturelles qui inspirent les jeunes enseignants. A chaque période, les stagiaires mettent en place diverses activités telles que l'éveil aux langues, salutations dans la langue, comptines du monde, danses traditionnelles, goûter (avec une recette issue du pays etc.).

M.M. (2017) y voit aussi une éducation à la citoyenneté « Notre expérience antérieure, si elle confirme ces postulats nous incline à penser que l'école peut être le lieu d'une interculturalité propice à la construction de la citoyenneté. Outre la place des cultures d'origine des familles dans le dispositif favorisant la motivation des élèves, on peut y rajouter l'implication des adultes, en particulier pour les élèves de l'école primaire, leurs parents. »

L'exploitation pédagogique d'albums plurilingues, de comptines du monde permettent de faire découvrir des univers sonores, linguistiques et culturels aux élèves. Dans le chapitre suivant nous évoquerons un corpus de ces albums. Ces albums donnent ainsi un aperçu riche des langues et cultures présentées.

Sans parler d'apprentissage d'une langue, les stagiaires entendent ainsi favoriser le maintien de l'ouverture du filtre phonologique, développer la mémoire auditive, faire découvrir les langues et cultures du monde comme ouverture aux autres.

Pour apprendre à saluer dans plusieurs langues, une autre PES a proposé d'inclure les langues de certains de ces élèves turc arabe cingalais mongol roumain manouche, deux langues étrangères, anglais espagnol et le basque, une des langues de la Région Aquitaine dans les rituels d'éveil aux langues. (Cf S.B. non publié[42]).

Ainsi, le désir d'inclusion dans cette optique plurilingue est très présent dans les mémoires soutenus à l'INSPE, il concerne la prise en charge des élèves allophones, la reconnaissance de leurs langues, mais aussi l'initiation à la langue des signes.

Enfin dans un mémoire de CAFIPEMF où est présentée une expérience menée en classe en 2019 dans le département des Landes, en utilisant espagnol, arabe, allemand, russe et le basque l'enseignante M.M. écrit : « Les langues des familles constituent une entrée tout particulièrement intéressante car elles touchent à l'environnement proche des élèves. Les enfants qui parlent une ou plusieurs langues en dehors de l'école peuvent faire valoir leurs connaissances sans toutefois y être contraints. La reconnaissance des langues d'origines des élèves a montré qu'elle contribuait à favoriser la réussite et l'intégration des EANA. »

Nous avons pu voir les pratiques à la fois des formateurs et des enseignants stagiaires qui malgré leurs premières réticences devant ces pratiques plurilingues finissent par proposer à leurs élèves de découvrir d'autres langues et cultures.

En se centrant sur les mémoires soutenus qui traitent de l'éveil aux langues dans les séminaires cités on constate que la plupart prenait en compte au même titre que les langues du monde, celles du territoire, de la région où l'école est implantée le basque et l'occitan.

Cette expérience d'encadrement montre que former aux approches plurielles est possible, que les pratiques plurilingues en classe, outre les compétences linguistiques, culturelles et interculturelles, développent aussi l'éducation à l'altérité et à l'inclusion, en particulier parce qu'elles initient au respect de la diversité linguistique et qu'elles n'établissent pas de hiérarchie entre les langues.

---

[42] Mémoire soutenu en 2019 sous la direction de K. Stunell

III
Formation à l'altérité linguistique, propositions didactiques : les grands axes

Les chapitres précédents convergent pour montrer l'intérêt d'une sociodidactique du plurilinguisme inclusif et d'une formation à l'altérité linguistique.

Le schéma suivant présente les grands axes d'une formation à cette altérité.

Schéma N°2 les grands axes d'une formation à l'altérité linguistique.

Les pré-requis de ces propositions sociodidactiques sont bien sûr une approche bienveillante de cette altérité et l'instauration d'un climat de sécurité linguistique qui permette aux élèves de progresser dans la maîtrise de la langue de scolarisation, dans le respect de leur(s) propres(s) langue(s) et culture(s). Ces propositions didactiques doivent également permettre la reconnaissance des acquis des élèves et le transfert des compétences d'une langue à l'autre pour entrer dans les apprentissages. Elles supposent une différenciation pour atteindre la maîtrise de la langue et accéder par les apprentissages aux différentes communautés discursives.

III.1 Faire entrer dans la communauté discursive

Le rôle du langage, central dans la construction des connaissances, suppose d'accéder aux différentes significations. L. Vygotski (1896–1934) a bien montré l'importance du langage dans le développement des activités mentales et de l'intelligence des enfants.

Les travaux en didactique de J. P. Bernié (2002 p. 81) précisaient aussi qu'il s'agit : « d'inscrire l'acquisition dans un processus social impliquant plus globalement l'élève : son institution comme sujet dans un ensemble

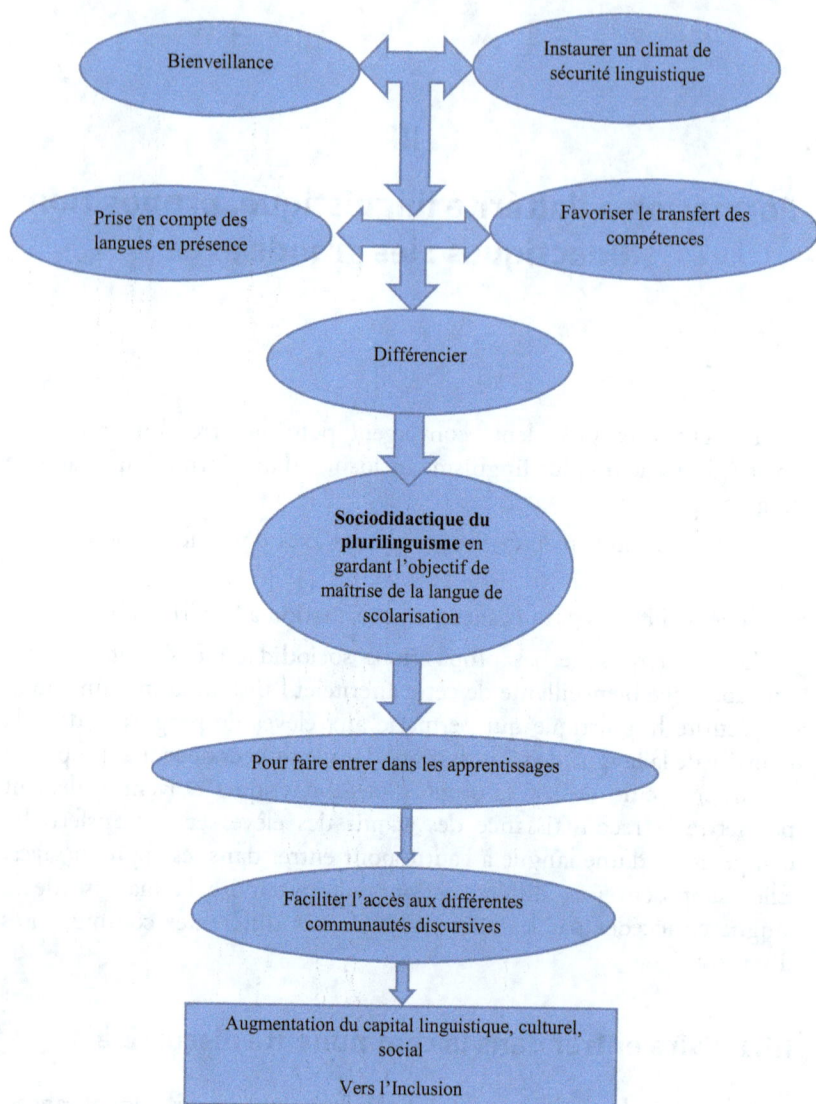

Schéma n 2: les grands axes d'une formation à l'altérité linguistique.

Faire entrer dans la communauté discursive

social caractérisé par des modes d'agir-penser-parler différents, dans une communauté élargie, et de ce fait, sensiblement différente. ».

Selon lui encore, « cette nécessaire construction » à l'école de nouveaux rôles sociaux, à articuler avec de nouveaux savoir-faire, informés par une référence en actes aux pratiques sociales et langagières des communautés de référence, constitue le fondement de la notion de communauté discursive, vue comme moyen de traiter les ruptures provoquées mais non traitées par la didactique « classique » du français ». Gageons que ces « ruptures » sont d'autant plus importantes pour les élèves allophones nouvellement arrivés, car si comme dans l'exemple proposé par J. P. Bernié la construction de la classe de science est une communauté discursive, pour les allophones l'arrivée dans une école française, l'entrée dans les différentes disciplines, les différents agir-penser-parler subséquents, sont autant de communautés discursives. Tous les élèves sont concernés par ces différentes communautés discursives, pas uniquement les allophones, mais leur difficulté à y accéder est plus grande puisqu'ils ne sont pas ou peu francophones.

Les recherches concernant la notion de communauté discursive peuvent aussi nous éclairer sur ce fait. Selon J. P. Bernié, une même personne peut appartenir à plusieurs communautés discursives, et il précise qu'il faut s'interroger sur la manière dont une pluralité de manières d'agir-parler-penser s'incorpore en chacun. Ces notions apparaissent d'autant plus prégnantes lorsqu'il ne s'agit plus d'agir-penser-parler de plusieurs manières dans une seule langue, mais à plus forte raison encore et à un degré supérieur, en passant dans d'autres langues et leurs univers associés.

En effet, une des difficultés principales des EANA réside dans le fait que la langue est non seulement objet d'apprentissage mais aussi outil pour les apprentissages, sans la langue scolaire ils ne peuvent accéder à « l'espace cognitif » visé par l'enseignant ni créer un « contexte » adéquat selon les termes de M. Jaubert et M. Rebière (2016). Le rôle attribué au langage « objet de l'espace de travail » est dans l'appréhension de la classe comme une communauté discursive scolaire en voie de disciplinarisation. On peut parler d'hétérogénéité énonciative particulièrement difficile à surmonter pour des allophones ou des néolocuteurs du français.

L'accès au lexique disciplinaire semble pouvoir faciliter les apprentissages, or nos recherches autour de la mutualisation de ressources en français de langue de scolarisation nous ont permis de voir que cet aspect était peu traité dans les corpus de ressources étudiés. Il faut donc s'acheminer vers une plus grande prise en compte de ces questions spécifiques qui permettrait aux élèves EANA d'entrer plus rapidement dans la communauté discursive visée par l'enseignant.

Cette entrée facilitée dans les différentes communautés discursives permettrait alors une maîtrise des agir – penser – faire grâce à l'augmentation et à l'amélioration du capital linguistique, du capital culturel et du capital social qui engendrerait l'inclusion et la réussite scolaire.

III.2 Des ressources adaptées

Une de nos études actuelles concerne les ressources utilisables en classe ordinaire pour les élèves allophones. Dans le cadre du projet *l'élève en son île* précédemment cité et en particulier avec C. Piot et les enseignants d'UPE2A des Landes[43], C. Mongausi et G. Glère, des enquêtes ont fait émerger des besoins nets de ressources adaptées au Français Langue de scolarisation. Un travail de mutualisation est en cours avec les enseignants spécialisés pour aboutir à un manuel qui prendrait en compte les lexiques spécifiques de la classe. En effet faciliter l'entrée dans une communauté linguistique suppose d'en connaître les codes et en particulier le lexique, même si une communauté discursive ne se réduit pas au lexique. Nous nous attachons donc à répertorier les éléments langagiers disciplinaires susceptibles de freiner l'entrée dans la communauté linguistique.

Des difficultés similaires pour des adultes migrants ont été décrites dans le cadre du projet international *INCLUDE* mené par M.-C. Deyrich, Professeure des Universités en didactique de l'anglais qui avait constitué un réseau paneuropéen opérant dans le domaine de la politique et de la pratique de langues pour l'intégration sociale active des catégories menacées d'exclusion, comme les communautés issues de l'immigration.

Enfin, actuellement ces questions de spécificité des communautés discursives se posent également dans l'enseignement des langues de spécialité. C'est ce que nous avons étudié aussi avec M. C Deyrich et N. Leroy dans le Cadre du Projet *TRAILS*, projet Erasmus + qui a

---

[43] Enquêtes menées dans le département des Landes et en particulier à l'école du Peyrouat à Mont de Marsan qui accueille les enfants réfugiés que lui adresse le Centre d'Accueil Des Demandeurs d'Asile (C.A.DA).

proposé une formation innovante et spécifique à l'enseignement des langues de spécialité.

Ces différentes perspectives montrent que la didactique du plurilinguisme s'est enrichie au fil des 20 dernières années et différents travaux de recherches ont pu mettre en avant certaines pratiques de classe favorables au développement des compétences plurilingues.

III.3 Instauration d'une sécurité linguistique

Parmi les conditions préalables à la mise en place d'activités plurilingues, il semble que l'instauration d'une forme de sécurité linguistique soit judicieuse.

En effet, les apports de W. Labov (1966) puis de P. Bourdieu (1982) ont permis de mettre en lumière le concept central d'« insécurité linguistique ». Il s'agit de la conscience qu'ont les locuteurs de la non-conformité de leur pratique de la langue par rapport au standard établi, au modèle dominant, à la forme légitime. C'est la représentation liée au statut de la langue qu'on parle, qui va déclencher chez le locuteur une prise de conscience le plus souvent inconfortable.

Divers degrés d'insécurité linguistique existent, par exemple, parmi les locuteurs de langues minorisées qui perçoivent la différence de statut entre leur langue et la langue dominante, parmi les locuteurs de langues dominantes dont certains pensent ne pas maîtriser parfaitement ou suffisamment les codes.

Les différentes situations de communication, le statut social du locuteur et également celui de son interlocuteur déterminent le degré d'insécurité ou inversement celui de sécurité linguistique.

Dans la culture scolaire française, la norme est particulièrement imposante. On a parlé plus souvent de fautes que d'erreurs, renvoyant ainsi l'apprenant à un vocabulaire moral de culpabilité.

En classe de langue, cet arrière-plan reste présent, il est souvent considéré comme une des entraves à la prise de parole des élèves : la peur de la faute semble inhibitrice.

Qu'il s'agisse de phonologie, de prosodie, de structures syntaxiques ou de lexique, l'erreur stigmatise et limite l'expression de l'élève. À plus forte raison, dans une langue en cours d'apprentissage, l'élève doit se sentir en sécurité pour pouvoir s'exprimer, qu'il s'agisse d'apprenants en Langue Vivante ou d'enfants allophones qui apprennent le français langue de scolarisation.

Lorsque les élèves ont une vision positive de leur langue d'origine, leur sentiment de sécurité linguistique peut être renforcé et ils se trouveront ainsi dans un cercle vertueux.

En revanche, lorsque la langue d'origine est dévalorisée, peut-être même auront-ils été victimes de discrimination linguistique, de glottophobie pour reprendre le concept de P. Blanchet (2017), cette insécurité pourra être inhibitrice.

Être bilingue en anglais et être bilingue en arabe n'implique pas les mêmes représentations dans la société française actuelle et davantage encore dans le cadre scolaire. Les statuts des deux langues contrastant fortement, la représentation de la première, langue hégémonique, est associée positivement à une puissance économique alors que la seconde est associée à l'immigration. Ce contraste fort a également été valable pour des locuteurs aujourd'hui âgés de l'occitan dont la langue était le stigmate d'une culture paysanne dévalorisée par la société. Ce contraste a engendré une forme d'« *auto-odi* » en référence au concept de la linguistique catalane énoncé par R. Ninyolles (1969), évoquant la haine de soi et expliquant la *vergonha*, la honte des occitanophones âgés issus du milieu rural à pratiquer leur langue en public, hors de la sphère privée et leur refus (dans de nombreux cas) de transmettre leur langue, signe d'une appartenance sociale discriminée. À un degré un peu moindre, l'accent reste un résidu de la langue sous-jacente, c'est un marqueur social puissant et il doit être évacué pour entrer dans la norme dominante. Pierre Bourdieu a décrit assez clairement ce sentiment qu'il a lui-même éprouvé comme fils de paysans béarnais. Ayant changé de classe sociale et il ne supportait plus l'accent occitan en français, qui le ramenait à des origines méprisées par la classe intellectuelle dominante française à laquelle il appartenait désormais. C. Milhé[44] (2020) cite une déclaration de P. Bourdieu dans le film de P. Carles « Quand on vient d'un petit milieu, d'un pays dominé, on a de la honte culturelle. Moi j'avais de la honte de mon accent qu'il fallait corriger, j'étais passé par l'Ecole Normale ».

---

[44] Carles, *Pierre*, 2007, *Pierre Bourdieu. La sociologie est un sport de combat.* C-P productions et VF films, DVD.

D'un point de vue plus médical la pédopsychiatre R.M. Moro (2013) a montré les traumatismes des enfants dont la langue n'est pas reconnue en contexte « transculturel ».

Nous avons pu aussi observer des élèves bilingues qui pour se fondre dans le groupe classe préféraient ne pas faire allusion à la langue familiale ni à leurs propres compétences. Ainsi A., en grande section, russophone, choisissait de ne pas réagir à l'écoute d'une comptine russe, malgré les sollicitations de son enseignante.

A un degré inférieur, l'hypercorrection reste un « symptôme » d'insécurité linguistique où le locuteur cherche à tout prix à se rapprocher de la norme.

Favoriser le plurilinguisme passe nécessairement par une approche non hiérarchisée des langues pour installer une sécurité linguistique dans le cadre du cours, à défaut de pouvoir le faire dans la société entière. Cette approche peut paraître performative. Il est difficile d'entamer l'inégalité de fait des langues (liée, comme nous l'avons vu précédemment, à la puissance de la culture associée). Cependant, développer une sensibilité linguistique en valorisant les autres langues en présence peut modifier les représentations des élèves et, à terme, en partie, certains usages. Une hiérarchie liée à l'exposition à la langue dominante s'établit inévitablement, pour autant il peut être pertinent de valoriser les autres langues dans l'espace scolaire et dans le cadre d'activités pédagogiques. L'occitan, comme les langues étrangères, comme les langues anciennes, a sa place dans un enseignement qui valorise aussi la culture.

Un utilitarisme revendiqué réduirait à un enseignement minimal et technique (par exemple pour prendre l'avion) alors qu'un enseignement de langue véritable ne peut exclure la culture. C'est en général, pour des raisons utilitaristes qu'un certain nombre d'options de langues sont condamnées. En outre, d'un point de vue diachronique, cette hiérarchie des langues évolue.

La diversité linguistique doit être prise en compte sans que l'école assume le discours utilitariste le plus répandu qui consisterait à n'enseigner actuellement que l'anglais (et un anglais de communication, sans référence à la littérature). Enseigner l'anglais et d'autres langues permet de développer des compétences plurilingues et d'ouvrir le champ des possibles. D'autres pays ont fait ces choix.

Si le français populaire n'est pas le français standard, il reste nécessaire de partir de la culture des élèves pour les faire accéder à un autre niveau de langue, car dans le cas contraire l'exclusion devient rapidement de la discrimination.

La question de la minoration de langues, ou de variantes d'une même langue, se pose également.

Enseigner la diversité et l'altérité linguistiques suppose de ne pas hiérarchiser les langues mais d'accepter les différences en connaissant la norme et suppose aussi d'enseigner la variation.

Ainsi cette question de l'enseignement de la variation peut concerner des langues polynomiques comme l'occitan. On peut penser que la variante locale peut être enseignée sans exclure des références à la variante standard.

III.4 Apports d'autres langues minorisées à une sociodidactique plurilingue

De nombreuses langues minorées sont confrontées aux mêmes difficultés que l'occitan ou le basque. Or, les langues minorisées expriment également cette tendance d'ouverture au plurilinguisme et à une sociodidactique inclusive.

Nous citons deux exemples, qui nous ont paru particulièrement intéressants :

Le premier concerne une étude réalisée par N. Sorba et A. Dimeglio en 2020. Ces chercheurs font un premier constat en évoquant l'histoire des écoles bilingues en Corse : « La préférence donnée au bilinguisme pour les enseignements en maternelle et à l'école élémentaire est aussi un élément que l'on doit à une conceptualisation qui privilégie les potentialités d'une pédagogie ouverte, contrastive et plurielle ».

En acceptant le caractère polynomique de la langue corse pour l'enseignement, ils évoquent la situation de la formation des enseignants et des concours de recrutement où aucune variante n'est privilégiée et considèrent ce fonctionnement comme une réussite. Ces chercheurs établissent un lien entre les attitudes de tolérance des enseignants et l'enseignement de la variation, ils montrent également que cette attitude est acquise.

Au terme d'enquêtes ils mettent en lumière deux points importants : ce n'est pas l'usage d'une langue polynomique qui engendre des attitudes tolérantes mais c'est le fait d'enseigner la polynomie qui induit des attitudes tolérantes. Ils plaident pour un développement de la formation sociodidactique de la variation, pour une société plus tolérante qui, nous semble-t-il, amènerait aussi à une société plus inclusive.

Un projet de recherche appelé ECOPOLM, école plurilingue d'outremer, s'intéresse aussi aux liens entre langues du territoire et plurilinguisme en contexte scolaire.

En effet J. Vernaudon et M. Paia (2014) rendent compte d'un projet de recherche sur le plurilinguisme en Polynésie et en Nouvelle Calédonie. Ce projet a été engagé de 2009 à 2012 en Polynésie française, en Nouvelle-Calédonie et en Guyane, par une équipe de onze enseignants-chercheurs, issus de quatre laboratoires français, spécialisés en psycho-linguistique, en sociolinguistique et en linguistique. L'objectif global de ce programme était d'évaluer des programmes d'enseignement bilingue français/ langues locales afin de mieux comprendre comment l'enseignement plurilingue précoce pouvait servir les objectifs de l'école primaire, favoriser l'épanouissement affectif et intellectuel des élèves et renforcer le développement de leurs compétences langagières, tout en répondant à la volonté des populations locales. Ils ont pu montrer l'efficience des dispositifs bilingues et biculturels dans cette perspective.

Ces diverses recherches mettent en évidence l'importance de la sociodidactique et en particulier celle du plurilinguisme qui prend aussi en compte les langues endogènes.

IV
Sociodidactique du plurilinguisme

Après avoir évoqué la nécessité de transformer les pratiques il semble important de proposer des pistes didactiques.

IV.1 Approches plurielles

C. Puren (2019) montre que l'enseignement des langues ne se conçoit plus, tel que ce fut le cas par le passé, comme un enseignement centré exclusivement sur la langue cible excluant la référence aux autres langues. Le Cadre européen a permis une ouverture à l'interculturalité et au développement des compétences plurilingues. De nombreux chercheurs ont démontré l'intérêt de concevoir l'enseignement des langues dans un cadre plurilingue, en cherchant à rompre l'isolement de chaque langue ; ainsi se sont développées à partir du CECRL « *des didactiques du plurilinguisme* et de *compétences plurilingues et interculturelles* (Coste, Moore et Zarate, 1997 ; Castellotti et Py, 2002) ».

M.-C. Deyrich (2004 p. 25) a mené une expérience incluant de nombreuses langues dont l'occitan, l'arabe, l'anglais et l'espagnol dans l'académie de Montpellier. Elle a pu percevoir tout l'intérêt de mettre les langues en lien et précise ainsi :

> Des psycholinguistes ayant exploré l'articulation entre la langue de scolarisation (LS) et la Langue Vivante Etrangère ou Régionale (L.V.E.R) ont montré que l'apprentissage de la LVER a un effet positif sur les capacités générales de traitement des textes en L1. Gaonac'h (2002) avance que cet effet bénéfique s'expliquerait par des stratégies impliquant une prise de distance par rapport à la langue en général, qui favoriserait l'apprentissage des langues et qui serait bénéfique dans le passage à l'écrit pour la LS. La pratique de la LVER contribuerait ainsi à renforcer le rôle du métalinguistique dans la maitrise de la LS. De plus, il serait envisageable que le transfert positif

opère dans les deux sens (effet retour). Il apparait donc pertinent d'opérer un rapprochement des apprentissages dès que possible et en tous les cas à l'école élémentaire. Cette option suppose non seulement que l'enseignement de la LVER tienne compte du contexte général des apprentissages réalisés à cet âge mais aussi, selon nous, que la question de la transversalité des apprentissages soit examinée de près et que des liens soient réellement établis, exploités et analysés en classe.

Dans une conception de diversité linguistique assumée on peut envisager une didactique du plurilinguisme qui fait une place aux langues minorisées sur leur propre territoire comme l'occitan ou le basque, aux langues anciennes latin ou grec qui ont un rôle à jouer dans une éducation plurilingue, aux langues étrangères enseignées et aux langues des élèves, langues des migrants et au français, langue de scolarisation.

Le plurilinguisme favorise les transferts de compétences, les connaissances métalinguistiques et l'émergence d'une culture plurilingue et interculturelle, il permet de se construire avec l'altérité, d'augmenter son capital linguistique culturel mais aussi social, pour une identité plurielle et apaisée. C'est le constat que faisait L. Gajo en (2006 p. 62) : « le projet éducatif d'un État moderne intègrera donc le plurilinguisme comme élément garant d'une performance accrue ».

Il s'agit de concevoir une didactique du plurilinguisme où sera favorisé le transfert des compétences langagières des élèves d'une langue vers l'autre en permettant à ces mêmes élèves de s'approprier rapidement la langue enseignée et de renforcer le cas échéant leurs compétences dans leur ou leurs autres langues.

Dans ce cadre plusieurs axes apparaissent :

– Le plurilinguisme apaisé serait exempt des violences qui l'accompagnent parfois dans les faits, souvent générées par une hiérarchisation des langues et les oppositions entre diverses communautés en contact. (cf *Altérité et formation des enseignants*, Revue *Lidil*, Université de Grenoble, n° 39, mai 2009.)

En effet la question de la représentation reste centrale : déconstruire, changer le point de vue sur le plurilinguisme, penser inclusion et transfert de compétences plutôt qu'intégration/ assimilation et présenter des activités plurilingues à mener en classe.

IV.2 Développer une culture didactique plurilingue

La différenciation occupe une place centrale, elle doit permettre aux enseignants de gérer la grande hétérogénéité, à partir d'outils de guidage sur mesure pour qu'en UPE2A ou en classe ordinaire tous les élèves soient amenés à la réussite.

Si dans la formation initiale du premier degré la différenciation est abordée, et mise en pratique pendant l'année de stage, il semble qu'elle soit le plus souvent empirique dans les pratiques enseignantes du second degré.

Dans cette perspective formative, la pratique par les futurs enseignants eux-mêmes du plurilinguisme et une posture réflexive sur ces pratiques nous semblent nécessaires tout comme à d'autres chercheurs tels que F. Armand (2013) qui considère que former les enseignants à la diversité est une priorité.

Les pratiques plurilingues réflexives comme levier de formation ont été décrites par M. Causa (2012), spécialiste du plurilinguisme. Elle précise que « le changement de regard repose essentiellement sur la modification des représentations sociales et sur l'enseignement/apprentissage des langues ». Elle insiste aussi sur la nécessité de développer en formation initiale une posture réflexive chez les enseignants pour acquérir un répertoire didactique plurilingue.

Un autre levier consiste également à développer une meilleure connaissance de l'histoire de l'enseignement des langues. La référence systématique au CECRL est certes pertinente mais informe peu sur les divers courants qui ont présidé aux choix didactiques de l'enseignement des langues. Une meilleure connaissance de l'histoire de l'éducation en général et en particulier des mouvements pédagogiques peut permettre aux enseignants de mieux situer et comprendre leurs pratiques.

Dans le cadre d'une formation au plurilinguisme, une référence d'abord au *Language Awareness* (1984) d'E. Hawkins comme prise de conscience linguistique avec une formation adaptée pourrait contribuer à une évolution positive des pratiques enseignantes en vue d'un accueil plus efficace de l'allophonie et d'une diffusion des pratiques plurilingues. Puis l'éveil aux langues proposé par M. Candelier, jusqu'à l'ensemble des approches plurielles des langues et cultures qui recouvrent aussi didactique intégrée, intercompréhension entre les langues parentes, approches interculturelles, des sitiographies commentées pour aider à sélectionner les ressources les plus pertinentes, comme celles présentées sur le site du CARAP, ou du site ÉLODIL (Éveil au Langage et Ouverture à la Diversité Linguistique) sont à envisager.

Il s'agit d'exemples non exhaustifs de contenu de formation qui développeraient une culture didactique du plurilinguisme.

– Un autre levier du développement du plurilinguisme consisterait également à favoriser la mobilité des enseignants et des stagiaires (dans de nombreuses ESPE/INSPE les étudiants de Master 1 d'enseignement peuvent effectuer leur stage à l'étranger). Ce dispositif pourrait être développé.

Offrir plus de possibilités de mobilité aux enseignants nous paraît souhaitable pour développer entre autres les compétences en langues. Il s'agit d'ailleurs d'une des recommandations du dossier de synthèse du CNESCO (2019) *Comment l'école peut-elle mieux accompagner les élèves ?* Faire des stages à l'étranger pour valider dans plusieurs langues un niveau de compétences qui « entraine des gains significatifs, en plus de l'évolution des compétences langagières, en termes de connaissance de soi, confiance en soi ainsi qu'une meilleure compréhension de la diversité » (*C. Sarré, CNESCO, 2019*).

En ce qui concerne les langues, le développement d'échanges internationaux pourrait permettre aux enseignants déjà en poste de pratiquer le plurilinguisme, de découvrir d'autres pratiques pédagogiques et d'augmenter leur niveau de langue et de connaissance des systèmes éducatifs.

Enfin, comme suite logique, valider des compétences dans plusieurs langues serait cohérent.

Une place aux langues anciennes pourrait être faite en développant une culture étymologique et comparative des systèmes grammaticaux, en particulier dans l'étude des langues latines mais pas uniquement, puisque les enseignants de basque déclarent se référer souvent au latin avec les élèves qui l'étudient aussi (par exemple pour le système des déclinaisons).

Ces approches interculturelles telles que celle développée dans le projet Euromania (2007) de P. Escudé font partie de cette didactique du plurilinguisme. Une formation à la pratique du manuel Euromania qui présente 20 leçons en 6 langues de la même famille permet de développer les compétences d'intercompréhension dans les langues romanes à travers diverses disciplines telles que sciences, histoire géographie, technologie ou mathématiques.

Enfin les recherches de N. Auger sur l'intérêt des biographies langagières (qui de façon réflexive comme l'envisage M. Causa, sont d'abord pratiquées par les étudiants eux-mêmes en formation) donnent également lieu à des expérimentations.

Le port folio européen des langues « Expérience et conscience interculturelles » de D. Little et B. Simpson (2011) donne de nombreux exemples de biographies langagières qui prennent en compte non seulement les langues parlées, mais également, la présence d'objets issus d'autres cultures, les voyages effectués. Les biographies langagières peuvent être adaptées à divers publics et permettent de prendre conscience des liens entretenus avec les langues connues ou le cas échéant des langues qu'on aimerait apprendre. Cet outil peut aussi s'avérer être un « déclencheur » d'apprentissage de langues car nombre d'étudiants avec qui nous avons pratiqué la biographie langagière, incluent spontanément des langues qu'ils aimeraient apprendre ou maîtriser davantage et déclarent avoir envie de poursuivre cet apprentissage.

Enfin la réalisation graphique, d'une biographie langagière peut prendre de nombreuses formes, elle peut se réaliser dans une démarche artistique, constituer un exercice créatif, car elle permet d'associer une iconographie, des calligrammes, certaines sont conçues comme des carnets de voyage, etc.

Cet outil qui constitue un point de départ pour la formation initiale des enseignants à une sensibilisation au plurilinguisme est tout à fait transférable en classe, les professeurs stagiaires peuvent le proposer en l'adaptant à leurs élèves.

Par ailleurs, avec M. F. Burgain et K. Stunell, enseignantes chercheuses du laboratoire Epistémologie et Didactique des Disciplines, E3D, un projet de formation à l'éducation au paysage linguistique est à l'étude. Le paysage linguistique tel que décrit par D. Gorter (2006) concerne à la fois la visibilité des langues, leur affichage dans l'espace public (enseignes commerciales, affiches, panneaux signalétique, etc.) mais encore leurs représentations dans la société en lien avec leur identité et le statut qui leur est accordé.

Ainsi, s'intéresser aux langues affichées dans l'espace public peut être une approche plurielle de la diversité linguistique[45]. Sortir de la classe

---

[45] Gorter D., Cenoz J. & Van der Worp K. (2021) The linguistic landscape as a resource for language learning and raising language awareness, Journal of Spanish Language Teaching, DOI: 10.1080/23247797.2021.2014029

et aller observer en prenant en photo les langues affichées, puis en classe les identifier, les nommer, et découvrir leur rôle dans ce contexte et dans ce paysage, nous semble une démarche novatrice pour aborder le plurilinguisme. L'analyse de la signalétique patrimoniale de la ville de Bayonne qui décrit les monuments en 5 langues (français, anglais, basque, espagnol et occitan) nous paraît un exemple clair de support d'éducation au paysage linguistique, pour une utilisation en sociodidactique du plurilinguisme.

Par ailleurs, des modules de formation (non optionnels) pour sensibiliser les étudiants à l'altérité linguistique seraient nécessaires pour aborder l'allophonie : nous constatons que trop peu de formations sont adressées à tous les Professeurs d'Ecole Stagiaires alors qu'il faudrait expliciter les divers dispositifs, les démarches des enseignants UPE2A, donner des outils pour prendre en charge des élèves allophones nouvellement arrivés.

Dans ce contexte, l'importance de la formation continue des enseignants reste centrale dans le but d'une amélioration des pratiques pédagogiques et dans celui de la réussite des élèves.

En outre, la pratique du plurilinguisme donne accès aux travaux de chercheurs qui publient dans d'autres langues que le français et permettent de comparer l'avancée de la didactique du plurilinguisme dans d'autres pays, citons deux exemples : l'Espagne avec les travaux de E. Iñesta Mena et J. Pascual Diez (2015) où ces chercheurs en éducation de l'Université d'Oviedo insistent sur les besoins de formation à la didactique du plurilinguisme ou encore le Luxembourg où des chercheurs de l'Université du Luxembourg ont un projet de recherche sur *Developing multilingual pedagogies in early childhood MULIPEC (2018)* citons aussi les travaux de C. Helot (2014).

Ces approches plurielles pourraient être également proposées dans ce cadre, et pas uniquement en formation initiale.

IV.3 Le rôle de la littérature de jeunesse

Certaines éditions à destination de la jeunesse proposent une approche plurilingue, comme celles de l'association DULALA (acronyme d'une langue à l'autre) elle promeut le plurilinguisme et a été créée en 2009. DULALA « a développé un projet global qui s'appuie sur des réseaux professionnels, des acteurs institutionnels et des chercheurs ». Cette association reconnue dans le secteur du plurilinguisme en France, développe des outils innovants, testés sur le terrain lors d'ateliers avec les enfants et diffusés lors de formations, afin de faire des langues des enfants un levier pour mieux vivre et apprendre ensemble, selon leur formulation. Outre les albums, cette association crée aussi des kamishibais[46] plurilingues, elle propose un concours en 2015 et la création du réseau *Kamilala*, en 2018 « pour une école inclusive et ouverte sur le monde. »

L'utilisation en classe d'albums plurilingues comme ceux édités par DULALA « d'une langue à l'autre », par exemple *Les langues de chat* de M. Semerano et L. Vergari, participent activement à une éducation inclusive et au plurilinguisme. En proposant des situations où la diversité linguistique apparaît, elle permet de faire prendre conscience de la richesse d'un univers multilingue comme dans le kamishibai *Poisson jaune*, lauréat du concours créé par l'école Barbaira dans l'Aude en 2017, disponible en occitan, anglais et français et dans lequel apparaissent le chinois, l'hindi, l'arabe et l'espagnol.

D'autres associations que DULALA mènent aussi un travail sur le plurilinguisme comme AFALAC. L'AFALAC[47] (Association Familles Langues et Cultures) a été créée en 2013 dans un des quartiers prioritaires du Mans afin d'accompagner les enfants et les familles en situation transculturelle. « Cette association a, entre autres actions, développé de nombreux outils permettant de favoriser la reconnaissance et la valorisation des langues et des cultures familiales au sein des structures éducatives, notamment à partir de la traduction et de l'enregistrement d'albums de littérature de jeunesse dans différentes langues et de travail avec les familles pour raconter des histoires à deux voix (en langue française et en langue maternelle) ».

Cette association, présente dans plusieurs villes de France organise desactions qui tissent des liens autour du plurilinguisme.

---

[46] *Le kamishibai* appelé aussi théâtre de papier, est une technique japonaise de contes à partir d'illustrations.
[47] Site d'AFALAC sur http://www.famillelanguescultures.org/

Ils se disent « passeurs de langues et tisseurs de lien » et participent, outre la lecture d'albums en langue, à divers projets inclusifs en relation avec les écoles.

Les pratiques telles que la boîte à histoire sont de plus en plus utilisées dans les classes.

« *La boîte à histoires* (BAH) est une boîte magique d'où sortent des objets symboliques qui vont représenter les éléments clés d'une histoire.

Chaque récit contient des pauses olfactives, sensorielles et/ou tactiles (dégustation de biscuits, odeur de fleur, toucher de farine…) ». Sans support texte, cet outil ludique et esthétique permet de mettre à l'honneur les langues étrangères ou régionales. Il favorise les liens avec la langue de scolarisation à travers la narration en deux temps : dans une autre langue et ensuite dans la langue de scolarisation.

« La BAH ne demande pas aux professeurs de compétences spécifiques en LVE dans la mesure où l'on fait appel à et on s'appuie sur des personnes de l'environnement immédiat des élèves qui ont, elles, une bonne maîtrise d'une ou de plusieurs langues étrangères ou régionales. Ces personnes peuvent faire partie des familles d'élèves (parents, grands-parents…), mais aussi faire partie des membres de la communauté éducative (collègues, Atsem…). »[48]

Les albums plurilingues pour un éveil aux langues progressif sont une ressource particulièrement intéressante, car elles peuvent franchir les murs de la classe et être lues ou relues en famille après l'école.

Sans envisager un corpus exhaustif de littérature plurilingue il nous a semblé intéressant d'évoquer certains ouvrages de littérature de jeunesse qui utilisent plusieurs langues.

Un précurseur parmi les albums déjà anciens prenant en compte d'autres langues : *Han Han le Panda* de M.Vérité et R. Simon sorti chez Gauthier Languereau en 1978, outre une immersion dans le monde de l'ursidé cet ouvrage proposait les idéogrammes chinois qui évoquent le nom de l'animal 大熊猫 *[dà xióng māo]* permettant ainsi aux enfants de découvrir une autre langue et un autre système d'écriture.

La production d'albums plurilingues va se développer après 2000 et de nombreux éditeurs vont alors selon des modalités différentes, donner à

---

[48] Massignon M. Mémoire de CAFIPEMF, éveil à la diversité linguistique en maternelle, non publié département des Landes, académie de Bordeaux.

voir la diversité linguistique. On peut percevoir, à travers l'histoire de ces publications et leur chronologie, l'essor de l'intérêt pour le plurilinguisme et la diversité linguistique.

Une seule et même phrase peut être traduite dans plusieurs langues. C'est le cas de *Je t'aime du bout du monde*, aux éditions du jasmin de S. Havette sorti en 2008, qui traduit *je t'aime* en 23 langues.

D'autres albums présentent des textes différents dans des langues différentes comme *Les contes du chemin de Saint Jacques* productions scolaires en lien avec des contes traditionnels. Cet ouvrage a été réalisé dans le cadre d'un projet européen, où des textes sont écrits en galicien, portugais, espagnol et français, il a été édité par Oqo à Pontevedra en 2010.

Le conteur Y. Jaulin en publiant *la p'tite histoire* avec P. Adam chez P'tit geste choisit aussi d'utiliser dans son récit en français des mots de parlanje.

Une autre modalité a été d'inclure un même mot dans plusieurs langues, c'est le choix fait par M. Semerano et L. Vergari dans *Les langues de chat* édité en 2013 où le nom du chat recherché apparaît dans huit langues.

Un classique de la littérature plurilingue est *Le livre qui parlait toutes langues* d'A. Serres et F.Sochard publié par Rue du Monde en 2013 qui traduit chaque page dans une langue différente, en plus du français 19 langues apparaissent : l'anglais, le japonais, le berbère l'allemand, le comorien, le portugais, le malgache, le khmer, l'italien, l'arabe, l'espagnol, le russe le chinois, le swahili, le thai, le persan, le tamoul, l'albanais, et le turc. Un cd multilingue accompagne le livre.

Citons encore les livres bilingues comme *Mon miel ma douceur*, une histoire en français et arabe de M. Piquemal chez Didier jeunesse, sortie en 2004.

Plus complexe mais très intéressant *Le secret d'un prénom* de L. Bresner chez Actes Sud (2003) est un livre qui initie à la calligraphie chinoise et aux idéogrammes, comportant aussi un lexique placé à la fin.

Enfin la très belle collection de Didier jeunesse de *berceuses et comptines du Monde* offre un univers musical, linguistique, culturel, exceptionnel avec traductions et transcriptions, évocations iconographiques et chants, citons quelques exemples : *Comptines et berceuses de babouchka* en 2006, *berceuses et comptines berbères* en 2016, *Comptines et berceuses d'Amérique latine* en 2017, *Comptines de rose et safran* en 2017. Cette collection qui compte environ actuellement une vingtaine de volumes invite les enfants à découvrir l'Autre.

Enfin cette présence de plusieurs langues dans un même récit est très utilisée chez les conteurs qui manient ainsi ce qui est souvent appelé en occitan *lo trescatge de las lengas*. En effet, dans le tressage des langues (cité souvent par le CAPOC), l'alternance codique ou le passage d'une langue à l'autre dans le corps même du récit participe à une approche plurilingue.

VI.4 Favoriser l'émergence de projets plurilingues

Les bénéfices sur la population scolaire de l'école inclusive, celle qui accueille des élèves à besoins particuliers en classe ordinaire, ne sont plus à démontrer.

D. Curchod Ruedi (2013, p. 136) expose l'antagonisme constaté entre des stratégies pédagogiques possibles et les pratiques enseignantes souvent répandues, et elle précise ainsi :

> « Le droit fondamental pour chaque enfant à participer pleinement à la vie sociale de sa communauté suppose, dans le cadre scolaire, de prendre en compte la diversité des élèves et oblige les enseignants à différencier leur enseignement pour le rendre accessible à tous. D'exceptionnelle et reléguée à la périphérie du système scolaire, la différence prend progressivement sa place au sein de la classe ordinaire. Si de nombreux travaux scientifiques mettent l'accent sur des stratégies d'enseignement variées et souples, les pratiques pédagogiques traditionnelles et uniformes visant l'homogénéité des curricula des élèves semblent solidement ancrées dans les conceptions des enseignants (Gaudreau et al, 2008). »

Si D. Curchod Ruedi s'intéresse aux contextes scolaires suisse et québécois, on peut penser que le contexte scolaire français peut présenter des similitudes et révéler des résistances enseignantes à la mise en place d'une école inclusive.

Les élèves allophones peuvent être considérés comme des élèves à besoins spécifiques et dans ce cadre ils nécessitent bien un dispositif spécifique d'accompagnement.

De nombreux enseignants de classe ordinaire (hors UPE2A) expriment leur difficulté à prendre en compte aussi cette différence, cette « altérité linguistique ». Comme le montre D. Curchod Ruedi, un des risques est l'épuisement des professionnels. Son étude permet de percevoir les limites d'une formation des enseignants qui ne serait pas accompagnée d'un soutien social.

Certains enseignants rencontrés au cours de notre recherche actuelle pointent également des différences importantes entre les élèves allophones. Le degré de scolarisation dans leur pays d'origine (pour les élèves arrivant en cycle 2 ou 3) détermine bien sûr leur facilité à entrer dans les apprentissages, leurs compétences en lecture aussi, l'acquisition ou non de la combinatoire par exemple. Mais un des paramètres d'une inclusion réussie selon les enseignants interrogés réside également dans l'implication des familles dans la scolarité de leurs enfants. Le lien à l'école, au système scolaire, est central et pour certaines communautés ce lien ne va pas de soi ni dans leur pays d'origine ni dans les pays qui les accueillent, comme nous l'avons évoqué précédemment. Le rapport Evascol *Étude sur la scolarisation des élèves allophones nouvellement arrivés (EANA) et des enfants issus de familles itinérantes et de voyageurs* (EFIV) (2018) par M. Armagnague-Roucher, I. Rigoni, C. Cossée, C. Mendonça Dias, et S. Tersigni. Il s'agit d'une vaste étude universitaire pluridisciplinaire déployée sur 4 académies, portant sur la scolarisation d'élèves âgés de 6 à 16 ans, entre 2015 et 2017. Ces chercheuses font état des difficultés de scolarisation et précisent : « De plus, certaines familles effectuent des migrations pendulaires, causant des ruptures dans la scolarisation de leurs enfants. La situation de l'itinérance, qu'elle soit choisie ou subie, risque de freiner l'accès à la scolarisation et d'engendrer aussi une discontinuité dans les parcours scolaires ». Elles concluent leur rapport par des préconisations pour le développement de politiques éducatives relatives aux compétences linguistiques. Elles recommandent de prendre en compte la durée d'appropriation de la langue française, en reconnaissant le plurilinguisme des élèves dans le cadre de la validation des compétences du socle commun de connaissances, de compétences et de culture. Elles proposent aussi de développer un référentiel de contenus didactiques pour l'enseignant en tenant davantage compte du plurilinguisme, du travail sur les discours scolaires, des compétences phonétiques, de la pratique de la lecture oralisée et l'enseignement des compétences orales et en garantissant aux élèves peu scolarisés antérieurement un enseignement avec des professeurs formés à leur situation. Ces chercheuses soulignent la nécessité d'une formation adaptée des enseignants.

D'autres chercheurs, tels que ceux du laboratoire basque Inkluni (UPV), qui prônent une amélioration de l'éducation en vue d'écoles et de sociétés plus inclusives « *También pretendemos difundir los resultados de la investigación para promover el debate y favorecer el cambio y la mejora en otros contextos* », ou d'autres tels que Aguirre Sales et Escobedo (2014), ont montré l'intérêt de diagnostic social participatif qui conduit à mener des projets collaboratifs où famille, enseignants et élèves pourront se retrouver et faire évoluer leurs représentations respectives.

Lorsque l'école, c'est-à-dire toute l'équipe pédagogique, est impliquée dans le projet d'école inclusive, les compétences de chacun en sont renforcées et le regard positif sur l'inclusion permet des approches pédagogiques efficaces.

C'est pourquoi, les projets collaboratifs paraissent pertinents, en plus d'une formation à la prise en charge des allophones, pour inclure l'altérité linguistique.

Nous nous intéresserons aux projets collaboratifs qui vont renforcer la cohésion des équipes et de l'école au sens large, en incluant élèves et familles dans certains cas pour faire évoluer représentations et pratiques pédagogiques.

Quelques exemples de projets plurilingues :

Parmi les projets interculturels *La novia del moro* initié par l'auteur occitan A. Surre Garcia permet de percevoir tout l'intérêt de ce type de démarche en contexte scolaire. En effet, ce projet constitué de multiples expositions, lectures poétiques, rencontres interculturelles, se construit autour d'un fait historique du VIIIe siècle, évoqué en 1836 par J. M. Cayla historien dans *Chroniques du midi légendes toulousaines*. A. Surre Garcia a donc conçu un projet sur ce thème en partie à destination des établissements scolaires et a pu mener à bien plusieurs expériences interculturelles.

Un constat sur les représentations des élèves concernant d'autres cultures nous a amené à proposer ce projet interculturel et plurilingue dans un collège girondin [49] en 2010-2011 : « *Convivéncia, Novia del moro* » pour faire découvrir d'autres cultures, les liens historiques qui les unissent et permettre ainsi aux diverses communautés présentes sur le territoire de se rapprocher, à travers les cours de langue et une médiation

---

[49] Collège Paul Esquinance à La Réole (en Gironde)

culturelle. Une partie des activités ont été centrées à la bibliothèque pour inviter tous les participants à découvrir ce lieu et à l'investir à la fois comme lieu de culture partagée et d'échanges. En partenariat avec la municipalité, la bibliothèque, et diverses associations autour des liens culturels et linguistiques entre l'arabe, l'espagnol et l'occitan, un programme pédagogique et culturel a été mis en œuvre. G. A. Bertrand a donné une conférence à partir de son dictionnaire étymologique des mots venant de l'arabe, du turc et du perse et a présenté une exposition autour de son œuvre photographique « *Traces, mémoires musulmanes en cœur de France* ».

Cette exposition met en relief les traces du dialogue artistique interculturel en particulier au Moyen Age entre chrétienté et islam comme en témoignent encore aujourd'hui de nombreux éléments architecturaux.

M. Lafargue, poète occitan plurilingue, a également participé par des lectures et une exposition de son œuvre : « *Terras mescladas* », poèmes sur le Maghreb. Des œuvres de poésie arabo-andalouse ont été lues et traduites, accompagnées d'intermèdes musicaux, ceux du groupe *Mosaica* ou ceux de V. Macias.

Les familles ont été associées notamment avec le club Unesco qui proposait des cours de français aux adultes allophones et des cours d'alphabétisation.

Après avoir évoqué les enjeux de pratiques interculturelles en contexte d'apprentissage scolaire ainsi que les diverses étapes de la réalisation de ce projet, les entretiens menés ont permis de constater que le bilan du projet s'est avéré positif en termes de pratiques didactiques, de construction identitaire et de sensibilisation citoyenne. Des critères d'analyse en lien avec les observables de la vie scolaire ont été mis en évidence (réduction du nombre de jours d'absence, participation aux activités extrascolaires, présence et implication des familles).

Le caractère collaboratif transdisciplinaire semble avoir été porteur puisque des enseignants de mathématiques, français, histoire, arts plastiques, musique, arabe, espagnol, occitan, ont participé avec leurs classes en partenariat avec la municipalité et des associations. Il a permis d'établir des liens pour modifier des représentations et faire interagir plusieurs publics scolaires ou non en développant des activités plurilingues et pluriculturelles. Ces enseignants ont poursuivi par la suite des collaborations et les liens collège/élèves/familles se sont structurés autour de la médiation des enseignants de langue.

Un autre projet, à plus grande échelle, a attiré notre attention : le Projet MTOT.

En effet, depuis 2014 *Mother Tongue Other Tongue* MTOT a lieu en Écosse. C'est un projet plurilingue poétique qui célèbre la diversité culturelle et linguistique au travers de l'écriture créative et permet de rendre visibles de nombreuses langues présentes à la fois à l'école mais également dans les familles.

La partie Langue Maternelle incite les enfants et les jeunes dont l'anglais n'est pas la langue maternelle à envoyer un poème, une chanson, du rap écrit dans leur langue maternelle accompagné d'un commentaire en anglais expliquant leur inspiration. Ainsi, en Ecosse les élèves peuvent envoyer des textes en écossais ou en gaélique dans cette catégorie.

La partie Autre langue, *Other Tongue,* incite les enfants et les jeunes qui apprennent une autre langue à l'école, au collège ou à l'université (le français, l'espagnol, l'allemand, l'italien, le mandarin, l'ourdou, le gaélique et le cantonnais) à utiliser de façon créative cette langue en écrivant un poème original, une chanson ou du rap dans cette autre langue, en accompagnant leur texte d'un commentaire en anglais sur leur inspiration.

Par exemple en 2018–19, plus de 100 textes ont été soumis en Écosse dans 23 langues différentes.

Ainsi décrit par M. Pedley dans sa thèse *Approche inclusive des langues en situation minoritaire : le cas de l'Écosse,* soutenue en 2018, ce projet nous semble correspondre à une pratique scolaire plus juste de prise en compte des diverses langues en présence, un projet qui permet à chacun de pratiquer sa langue, de découvrir celle des autres et ainsi de s'ouvrir davantage à l'altérité, tout en utilisant et développant aussi la langue de scolarisation.

M. Pedley (2018) précise ainsi :

Langues, aux statuts variés, et dans lesquelles ils ont des compétences différentes, souvent partielles mais en définitive assumées. Lorsque l'enfant se trouve en situation de communication au sein de la communauté plurilingue, notamment dans le cadre d'un atelier ou d'autres évènements de littératie propres à MTOT, il sait qu'il peut s'exprimer par le biais et au sujet d'une langue autre que l'anglais, dont il a acquis le statut d'expert, dans la confiance d'être écouté, respecté et même encouragé par les autres élèves du groupe.

L'évocation du sentiment de confiance nous semble rejoindre ici le concept de sécurité linguistique. Puis M. Pedley aborde aussi la question de la communauté linguistique.

Ces élèves, s'ils vivent effectivement en milieu multilingue, perçoivent que les langues en présence n'ont pas le même statut. Dans le projet cité, bien au contraire, il n'y a plus de hiérarchie entre les langues.

Même si la langue d'interaction entre les élèves est principalement l'anglais, M. Pedley (2018 p. 356) explique :

> [...] Chacun peut pratiquer sa langue (et être écouté, respecté et encouragé, admiré pour l'aspect esthétique de son énoncé, sa fonction poétique, ou pour les compétences linguistiques qu'il expose) ou échanger au sujet de sa langue, de sa situation d'élève plurilingue avec ses camarades.
> Ceci donne lieu à une émulation autour des langues à promouvoir mais surtout autour du groupe à fédérer, protéger, défendre. Cette communauté fédère des élèves d'écoles écossaises marqués par des langues que, jusqu'alors, tout semblait séparer. Mettre en évidence des points communs permet d'estomper leurs différences trop souvent mises en avant. De ce point de vue, MTOT en tant que rite, fait sens (d'Allondans, 2002 : 56) pour faire face à diverses figures de l'altérité. MTOT, en permettant l'émergence d'une communauté plurilingue, il est également un projet de cohésion sociale.

Plusieurs aspects de ce projet nous semblent intéressants. Le cas échéant, une telle expérience pourrait devenir modélisante. L'utilisation des langues en présence sans hiérarchie, le développement de la créativité qui favorise ici une expression artistique de soi et enfin la cohésion sociale qu'elle instaure.

Projets occitans : diversité, numérique, culture, interdisciplinarité, plurilinguisme.

Nous avons pu nous intéresser à divers projets menés par des enseignants d'occitan en lien avec le plurilinguisme et la diversité linguistique.

Nous en présentons ici quelques-uns parmi tous ceux qui sont réalisés chaque année dans les classes :

- Le 12 mars 2016, à Marseille, au cours du Forum d'Oc, qui rassemble cinq structures œuvrant à la promotion de la langue d'oc en PACA, et qui était réuni en congrès sur le thème de *L'occitan-langue d'oc dans un territoire mondialisé* était invitée C. Limongi[50], enseignante en maternelle dans les quartiers nord de Marseille. Elle s'exprime en provençal trois heures par semaine avecsa toute petite section : rituels, lectures, comptines. Elle déclare ainsi « Les échanges en français tendent à creuser les écarts entre les bons parleurs et les petits parleurs, explique-t-elle. En provençal, tout le monde part de zéro, et l'on voit des enfants allophones participer et se révéler, ce qui leur permet par la suite d'être plus à l'aise en français. »
- Des exemples existent aussi dans *les Calandretas* ces écoles occitanes immersives associatives qui revendiquent une éducation au plurilinguisme. En particulier dans le Programme « *Familhas de lengas* » I. Vergnes (2019) décrit ainsi cette démarche et précise que ça existe depuis environ trente ans et qu'il est conçu comme une mise en pratique de l'éveil au multilinguisme par divers praticiens. Le but étant de favoriser l'ouverture aux langues et cultures du monde, en s'appuyant sur l'immersion en occitan. Elle évoque aussi un des outils de ce programme *la palanca* qui est un levier didactique vers le plurilinguisme. Elles permettent un retour sur les langues et bâtissent des liens entre les langues et cultures tout en étudiant les régularités, les récurrences et confrontant les écarts, les différences. « Sur le plan de la psychologie des apprentissages, elles sont des outils de conscientisation des langues et de manipulation du passage entre les langues. » Car le bilinguisme favorise le plurilinguisme. Plus loin dans un projet sur le plurilinguisme X. Ferré (2019) précise encore en mettant en avant les deux apports principaux déjà évoqués de cette éducation au plurilinguisme : les apports linguistiques mais aussi les apports éthiques :

« Dans le cadre du projet *Familhas de lengas* le pari pédagogique est que les enfants fassent l'expérience, non du bilinguisme, mais de la gymnastique intellectuelle démultipliée dont est porteuse toute pratique interlinguistique. Le pari éducatif est que les enfants scolarisés en *calandretas* découvrent dans cette expérience une aptitude à l'ouverture et à la souplesse cognitive qui se déploiera, au fil de leurs études, bien au-delà du simple bilinguisme

---

[50] https://www.journalzibeline.fr/societe/avenir-de-provence/

Favoriser l'émergence de projets plurilingues

occitan-français. Un troisième pari, proprement éthique et citoyen, est que le multilinguisme est l'allié le plus sûr de l'ouverture à l'autre – ce que l'on peut appeler le multiculturalisme – qu'on pourrait imaginer comme l'environnement le plus adapté à une société plurielle, ouverte et citoyenne ».

Les formateurs du centre *Aprene*, centre de formation des *Calandretas* ajoutent à cette dimension, celle de l'école coopérative, dans la tradition de l'école Freinet.

Par ailleurs, de nombreux projets plurilingues et inclusifs fleurissent dans les écoles, ou dans les cours d'occitan (et nous l'avons constaté également de basque, et dans d'autres langues de France qui proposent aussi ce type de démarche).

Diversité et numérique :

L'innovation pédagogique en lien avec les projets est très présente dans les classes et l'enseignement de l'occitan s'est aussi beaucoup développé avec les technologies numériques. Les enseignants ont pu proposer des projets innovants. Malgré une présence importante des langues dominantes dans le cyberespace, la désocialisation d'un certain nombre de langues minoritaires telles que l'occitan peut être infléchie par une présence sur le net.

Sur Internet, les langues minoritaires doivent prendre leur place. Le multilinguisme numérique également, et il peut être une réelle opportunité de construire des sociétés plus inclusives.

L'UNESCO a annoncé il y a quelques années que l'Internet accélère la disparition de 50 % des langues, (2005). Le rapport « Netlang Réussir le cyberespace multilingue », souligne que les langues dominantes règnent sur le cyberespace et conduisent à une fracture numérique entre les langues.

Néanmoins, lorsqu'une langue menacée tente d'exister sur Internet, cela peut être très utile pour sa vitalité : politique linguistique, logiciels libres, médias numériques, bibliothèques numériques, réseaux sociaux, cours en ligne, archives en ligne (orales et écrites), outils en ligne.

Cela peut rétablir un lien oral entre les membres séparés d'une communauté linguistique.

En recréant un espace virtuel où la communauté (parfois très éloignée de leur territoire linguistique) peut se rencontrer et pratiquer cette langue ou mettre en ligne des modalités de transmission. Ainsi nous considérons que l'Internet peut être une opportunité pour les langues minoritaires, et nous nous sommes intéressées à l'enseignement de langues minoritaires à distance ou plus précisément en hybride à partir de trois exemples : une langue menacée et territorialisée l'occitan, une langue maternelle de migrants vivant à l'étranger le hongrois en Floride, et l'enseignement du grec pour la diaspora du monde entier.

Dans les trois cas, il apparaît que les bénéfices des nouvelles technologies dans l'enseignement apprentissage des langues, généralement associés à la diffusion et à la multiplicité des ressources, à l'exposition à la langue, à la motivation, à la pédagogie différenciée, sont aussi renforcés par la création d'une communauté virtuelle qui offre un espace de pratiques et d'interactions dans la langue cible pour les locuteurs.

L'occitan a pu développer de nombreuses ressources, et des outils en ligne et en particuliers, ressources et outils didactisés, et les quelques exemples que nous présentons ici ne sont en aucun cas exhaustifs : webmedia, comme *lo jornalet*, web tv : *octv* TV à Aran, web aranés, ou des sites proposant des outils linguistiques et des ressources : CIRDOC, *Congres permanent de la lenga Occitana,* Université de Montpellier et les pages web de l'université de Toulouse *Per Noste* proposent des cours en ligne, avec des exercices interactifs[51] qui sont à destination de tous les publics d'apprenants mais ils sont très utilisables en classe (et sont pour certains d'entre eux issus de travaux d'élèves), etc. On peut aussi trouver des sites d'archives orales et écrites : Thélème, techniques pour l'historien en ligne, Son d'aqui, des éditions, des bibliothèques numériques etc.

Enfin les nouveaux formats plébiscités par les élèves, les vidéos brèves et informatives sous forme de webdocumentaires existent aussi comme celles qui traitent des thèmes de la culture occitane, celui sur Flamenca[52] du site *Occitanica*, on trouve aussi des expositions virtuelles et jeux interactifs à destination des classes, accompagnés d'une mallette pédagogique comme : l'*escape game* : *Qui a matat Francés Canat ?*[53]

Le Centre Académique de Production Pédagogique en Occitan (CAPOC) a créé un site qui permet une mutualisation, des ressources des enseignants, une base de données pédagogiques, il crée des projets numériques et les livres numériques qui sont en ligne.

Des projets interdisciplinaires et plurilingues :

---

[51] https://www.pernoste.com/Modules/ExercicesInteractifs/Exercices.aspx
[52] https://maleta.occitanica.eu/webdoc.html
[53] https://maleta.occitanica.eu/fr/talhier/qui-a-matat-frances-canat_19125.html

Le site de la FELCO la Fédération des Enseignants de Langue et Culture Occitane a lancé une enquête sur les projets pédagogiques (présentée par Marie Jeanne Verny au colloque de Corte) La brochure intitulée *L'enseignement de l'occitan au cœur d'une pédagogie de projets interdisciplinaires*[54] dénombre en 2018, 65 projets interdisciplinaires sur les diverses académies occitanes.

M.-J. Verny qui en faisait une analyse récente et soulignait comme nous l'avons constaté dans notre enquête *Euskocc* aussi, l'importance de la culture dans la sociodidactique de l'occitan.

L'importance de la culture :

La question de la transmission d'une langue minoritaire interroge nécessairement sur le contenu de cette transmission : tradition orale héritée, plus ou moins transmise encore aujourd'hui dans certaines familles, connaissance de pratiques ethnoculturelles, littérature et civilisation, chansons contemporaines, etc.

La théorie de J. Fishman « *Language in culture* » souligne le caractère indissociable de la relation Langue Culture. Il insiste sur le lien central qui unit langue et culture (2001 p. 3) : « *Specific Languages are related to specific culture and to their attendant cultural identities at the level of doing, at the level of knowing and at the level of being.* »[55] Une culture s'exprime à travers sa langue et selon J. Fishman « un effet domino » peut entraîner la perte de l'une et donc celle de l'autre.

L'enseignement d'une langue se conçoit donc aussi comme l'enseignement de sa culture.

Dans notre thèse, nous avions évoqué une fracture entre les groupes de locuteurs : les L1 natifs, âgés et ruraux détenteurs d'une culture de tradition orale souvent associée à l'univers agropastoral, et les L2 néolocuteurs qui ont découvert en classe la littérature des troubadours, la chanson de la croisade des albigeois et les vers de F. Mistral, (nous citons ces trois exemples qui se veulent représentatifs de la culture littéraire occitane.) Un enseignement de l'occitan devrait pouvoir faire le lien et transmettre ces deux versants de la culture.

---

[54] http://www.felco-creo.org/11-01-20-65-projets-pedagogiques-autour-de-loccitan-langue-doc/

[55] Des langues spécifiques sont liées à leur propre culture et à leur identité culturelle au niveau du faire, du savoir et de l'être, Traduction M.A.C.

Ainsi nous avons consacré plusieurs de nos travaux au développement des connaissances sur le patrimoine culturel et linguistique occitan dans une perspective sociodidactique.

Il peut s'agir de comptines traditionnelles, de lexique, de collectages qui vont permettre en plus de l'étude des textes littéraires de s'appuyer sur des supports « authentiques ».

Ces derniers véhiculent une part de culture et permettent la mémorisation de lexique et de structures langagières idiomatiques. R. Galisson et D. Coste (1976) définissaient ainsi document authentique, « [...] Tout document sonore ou écrit, qui n'a pas été conçu expressément pour la classe, ou pour l'étude de la langue, mais pour répondre à une fonction de communication, d'information ou d'expression linguistique réelle ».

Concernant les langues minoritaires, la réappropriation de ce patrimoine par les plus jeunes générations d'une culture authentique est un enjeu majeur.

Concernant l'académie de Bordeaux, en particulier, nous avons pu voir que des projets académiques dans le cadre des EAC[56], liaient langue et culture. Depuis 2016, une action EAC *Vivre la culture occitane* est proposée aux établissements de l'Académie en partenariat avec la DAAC et le CIRDOC/INOC avec une plateforme numérique *Daquidoc*. Cette action culturelle concerne le Patrimoine Culturel Matériel et Immatériel occitan, ce patrimoine dynamique, festif, rituel est en constante évolution : « En prenant conscience qu'il est lui-même porteur et acteur de patrimoine, l'élève peut se réapproprier les pratiques vivantes découvertes et entrer dans un processus de recréation. »

L'interdisciplinarité :

Nombre de projets s'inscrivent également dans une démarche interdisciplinaire.

Les enseignants de langue minoritaire en collaborant avec leurs collègues d'autres disciplines et souvent d'autres langues participent à une éducation ouverte.

- Nous présentons un projet de 2012, parmi d'autres, il a donné lieu à des actions pédagogiques sur toute l'année impliquant

---

[56] https://blogacabdx.ac-bordeaux.fr/lcr40/ressources/action-academique-vivre-la-culture-occitane/ https://www.oc-cultura.eu/)

Favoriser l'émergence de projets plurilingues

l'établissement scolaire mais égalent le milieu environnant, les communes, la bibliothèque et surtout des locuteurs plus âgés.

Terr'argèla mené au collège de La Réole en Gironde a amené les élèves au terme d'actions sur l'année en occitan, arts plastiques et S.V.T. à constituer un recueil de lexique occitan des Tuileries et du paysage de Garonne, à tenir un blog,[57] et à présenter ces travaux lors d'une restitution publique.

Dans ce contexte, les élèves ont participé à des collectages de lexiques spécialisés, en particulier sur deux champs : botanique et activité des tuileries.

Ces collectages ont été menés en 2011 et 2012 par les élèves du collège Paul Esquinance dans le cadre du projet *Terrargèla*[58], inscrit dans les *parcours paysage* du Conseil général de la Gironde en partenariat avec le Rectorat de l'académie de Bordeaux, dans une perspective lexicographique.

En collaboration avec l'enseignante de Sciences et Vie de la Terre (S.V.T.) du collège, C. Malandit, ce projet a permis de faire découvrir le paysage géologique du Réolais et les exploitations de carrières d'argile de Gironde-sur-Dropt ainsi que le vocabulaire occitan traditionnel du paysage et des tuileries.

Il s'agissait aussi de recréer un lien entre deux groupes de locuteurs : les L1 et les L2, nous nous sommes demandées quel type d'action pouvait permettre à ces deux groupes de communiquer, voire de tisser un lien. Nous avons donc voulu savoir si un projet culturel et linguistique sur le paysage local pouvait participer à ce lien.

Les résultats ont été plutôt encourageants car la technique de collectage a permis de restaurer ou de créer un lien en amenant les élèves L2 à interroger des locuteurs L1 sur les toponymes, les noms des types de paysage, les noms des plantes de ce secteur, les noms des différentes phases de transformation de l'argile dans les carrières du Réolais, de la matière brute à l'objet final.

Les élèves ont été impliqués dans de nombreuses actions : découverte du matériau et sensibilisation au modelage et au travail des tuiliers[59].

---

[57] https://atlas-paysages.gironde.fr/atlas/spip.php?page = phototheque#
[58] http://atlas-paysages.gironde.fr/terr-argela-college-paul.html projet Châteaureynaud/Malandit Parcours paysage département de la Gironde
[59] Ateliers réalisés à La Réole et à la Tuilerie artisanale Bouquet de Morizés

Les collégiens ont fait l'expérience de la question paysagère et de la botanique à travers un parcours, une collecte de plantes et la constitution d'un herbier (multilingue avec les noms des plantes en latin, français et occitan). La valorisation des travaux scolaires a donné lieu à une de journée publique de restitution à la bibliothèque municipale avec une exposition et des animations commentées par les élèves. Nous avons observé dans ce cadre les interactions langagières avec les L1 lors des présentations des travaux par les élèves.

La journée de restitution a permis de les impliquer à nouveau, ils sont venus participer à divers ateliers, menés en occitan, et ils ont pu voir comment leurs connaissances avaient été utilisées et légitimées dans le cadre de ce projet scolaire. Les élèves avec un niveau de langue limité (un niveau A2 tendant vers le B1 pour certains élèves de 3ème) ont pu s'exprimer, échanger avec les L1 et utiliser la langue cible en situation réelle de communication.

La recherche lexicographique a abouti à un relevé de lexique spécifique occitan des tuileries du réolais par exemple : *barròt, bard, bardièra, brauda, carreta, corbet, cunhassas, garròt, tarròc, terrièra, etc.*

Par ailleurs la tenue du blog occitan a incité les élèves a développé leurs compétences à l'écrit. L'analyse du blog de la classe d'occitan qui rendait compte des activités régulières dans le cadre du projet, sorties et échanges avec d'autres classes a permis de mettre en évidence qu'une forme de créativité et d'expression personnelle étaient favorisées par ce type de dispositif à condition de proposer des activités semi-guidées où les élèves avaient tout loisir de créer une page sur le thème qui les intéressait, avec toutefois des contraintes d'écriture (type de textes, nombre de signes, correction de la langue), de format (présentation, illustration, vidéo) etc.

La collaboration avec d'autres disciplines en particulier histoire, arts plastiques, et SVT a donné lieu à des pages remarquables d'élèves peu investis auparavant et qui ont dans ce cadre pu décrire en occitan leurs centres d'intérêt : les oiseaux, un reportage sur les anciennes tuileries du village, un herbier multilingue, etc…Nous avons donc constaté que cette expérience de projet interdisciplinaire avec la tenue d'un blog a permis de développer la production écrite régulière en langue cible, des savoirs linguistiques et langagiers en occitan, avec un thème choisi par les élèves, et des compétences numériques de mise en forme, d'illustration (parfois collective aussi au tableau interactif). 75 % des élèves qui ont participé ont amélioré leur niveau de langue dans les compétences écrites. Dans le cadre didactique, ce blog a participé comme le projet global à la construction d'une communauté discursive, comme énoncée par J. P. Bernié (2002) en occitan.

Le plurilinguisme :

Citons enfin deux projets qui ont attiré notre attention parmi ceux qui ont été recensés sur le site de la Felco :

– Ainsi le Projet Comenius *Regio* « Des contes dans nos langues : du bilinguisme au plurilinguisme » est un projet pédagogique mené dans le premier degré en 2016–2017 dans l'Académie de Montpellier. Il concerne des élèves des classes maternelles, élémentaires des départements de l'Académie de Montpellier ainsi que les classes des écoles du Val d'Aoste. Ses objectifs, sont d'une part la valorisation de toutes les langues non seulement celles de l'école mais également celle de l'environnement des enfants. Il développe une meilleure connaissance et acceptation de la culture de son territoire mais aussi de l'environnement familial de ses camarades en s'appuyant sur la curiosité des enfants pour la lecture et les langues. Le lien école-famille est aussi développé en particulier par rapport à l'apprentissage de la lecture. À tour de rôle, pendant 3 ou 4 jours, les élèves des classes concernées amènent à la maison un sac d'histoire qui contient : un livre bilingue pour enfants, un CD du livre lu dans plusieurs langues, un jeu en lien avec le livre pour toute la famille, une surprise en rapport avec le livre, un glossaire de mots-clefs de l'histoire à traduire dans la langue de la famille. Les histoires des livres emportés par les enfants à la maison sont des contes créés par des classes bilingues (français/occitan, français/catalan, français/italien). Dans le sac que les élèves emportent chez eux, le livre bilingue constitue l'élément central. Chacune et chacun reçoit en principe celui qui correspond à la langue parlée en famille. Les enfants monolingues ont la possibilité de découvrir le livre bilingue de leur choix. Pour chaque livre, 6 à 8 mots-clefs de l'histoire sont présentés avec leur illustration sur une fiche : le glossaire. La légende est écrite en français sous chacune d'elles. Une ligne supplémentaire permet aux parents de les traduire dans leur langue. Les glossaires sont affichés au mur de la classe ou des couloirs, témoignant de la diversité linguistique des élèves grâce à l'apport de leurs parents.

Les enseignants ont prévu d'autres activités : l'arbre à histoires où sont affichées les photocopies des couvertures de tous les livres lus aux enfants par leurs parents, en français ou dans une autre langue, des séances de lecture peuvent être organisées avec comme lecteurs, des élèves plus âgés et des parents qui lisent en français ou dans une autre langue, des spectacles mettant en scène les Sacs d'histoires peuvent réunir les élèves, leurs parents et leurs enseignants. Les histoires sont racontées en français et dans d'autres langues. En classe, les élèves observent les caractéristiques des langues : sens de l'écriture, utilisation de l'alphabet latin, d'un autre alphabet ou système d'écriture, présence ou pas de déterminants, accents particuliers, mots qui se ressemblent, etc.[60]

Enfin nous évoquons un Projet Erasmus + qui allie jeux numériques et parcours bi-plurilingue d'éducation au développement durable : « *El jardí... a la taula, dalla tavola...* à la poubelle »

Il s'agit d'un projet pédagogique dans le premier degré 2015–2016 dans l'académie de Montpellier.

Ce projet doit améliorer les compétences linguistiques et métalinguistiques des élèves en les exposant à des écrits et/ou oraux produits dans différentes langues à travers les technologies nouvelles. Il participe à la construction et au développement du répertoire linguistique et culturel pluriel des élèves en élargissant celui-ci à d'autres espaces européens en instaurant une réflexion au développement durable dans le cadre de l'enseignement d'une discipline non linguistique, en aidant à construire des savoirs environnementaux chez l'apprenant en vue de développer des attitudes citoyennes à partir d'un enseignement bi-plurilingue et numérique. Le projet « El jardí... a la taula, dalla tavola... à la poubelle » se propose de construire un parcours d'éducation au développement durable qui va de l'école maternelle jusqu'au lycée en passant par le collège à travers des activités d'enseignement bi-plurilingue : éveil aux langues, intercompréhension et enseignement des disciplines non linguistiques DNL et ce dans une perspective européenne.[61]

Schéma n°3 *de la sociodidactique du plurilinguisme* :

Il nous semble donc que les projets que nous avons évoqués permettent de dégager des constantes et une forme de modèle pour

---

[60] http://www.felco-creo.org/11-01-20-65-projets-pedagogiques-autour-de-loccitan-langue-doc/

[61] http://www.felco-creo.org/11-01-20-65-projets-pedagogiques-autour-de-loccitan-langue-doc/

Favoriser l'émergence de projets plurilingues

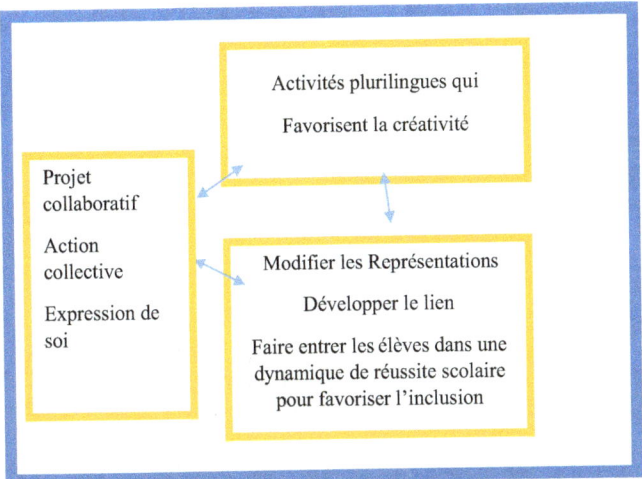

Schéma n 3: Sociodidactique du plurilinguisme

favoriser l'inclusion, accueillir l'altérité linguistique et développer le plurilinguisme. Ils développent aussi la créativité et l'expression de soi dans un contexte transdisciplinaire dans le but de faire entrer les élèves dans une dynamique de réussite et par là de favoriser leur inclusion, nous les présentons dans un article en cours.

Nos travaux concernant l'inclusion linguistique ont pu mettre en évidence que l'altérité linguistique est un concept opérant et qu'il doit être enseigné en formation pour transformer le regard sur l'inclusion. Nous avons aussi montré que la pratique du plurilinguisme sensibilise aux situations d'altérité linguistique et que les modèles dits « d'intégration » ne sont plus adaptés. Nos recherches tendent à démontrer que le plurilinguisme favorise l'inclusion et qu'à ce titre une formation des enseignants est nécessaire, comprenant des approches sociodidactiques, des approches plurielles et des approches collaboratives.

Il semble que l'approche coopérative soit une modalité d'apprentissage particulièrement efficace.

La coopération entre élèves peut être définie comme l'ensemble des situations où des élèves apprennent ou agissent à plusieurs impliquant du partage de désirs et de la générosité réciproque. S. Connac a bien montré tout l'intérêt de la coopération : « pour une meilleure prise en compte de la diversité des élèves, sur le développement des compétences prosociales sur l'encouragement de comportements fraternels ».

IV.5 Pour une formation plurilingue à la sociodidactique inclusive du plurilinguisme

De nombreux chercheurs en France soulignent la nécessité de développer une formation à une sociodidactique inclusive du plurilinguisme : faire découvrir les concepts et notions, altérité, interculturalité, plurilinguisme, inclusion, puis approches plurielles, transferts, et l'importance des pratiques coopératives. Et V. Miguel Addisu insiste sur l'enjeu important de l'acculturation à l'écrit.

Si l'on s'intéresse aux autres productions scientifiques, celles produites, dans d'autres langues on découvre que ces expériences ne sont pas isolées. A l'instar de P. Chardenet (2020) qui écrit : « Es hora de plantear abiertamente la cuestión del multilingüismo como un principio para garantizar la expansión equitativa de las colaboraciones y el enriquecimiento de la ciencia a través de su ampliación cultural », qu'il est temps de poser ouvertement la question du multilinguisme comme un principe pour garantir l'expansion équitable des collaborations et l'enrichissement de la science à travers son extension culturelle.

De nombreux pays connaissent des situations multilingues, produisent des recherches sur ces questions. Il semble nécessaire que les étudiants accèdent aux recherches internationales dans diverses langues. Nous choisissons d'évoquer quelques projets internationaux en lien avec ces questions.

Regarder par-dessus les frontières pour accéder à d'autres recherches sur la sociodidactique inclusive du plurilinguisme :

Plusieurs pays en lien avec les incitations de l'UNESCO organisent *une journée internationale de la langue maternelle*[62] car dans cette optique les langues ne sont pas considérées comme des moyens de communication mais plutôt comme la structure des expressions culturelles et on considère qu'elles sont porteuses d'identités et de valeurs. La réussite scolaire de tous les élèves est valorisée. Car le plurilinguisme en classe représente

---

[62] Exemple d'une région autonome d'Espagne la Navarre qui organise une journée de la langue maternelle https://aulaintercultural.org/2012/02/21/plurilinguismo-en-el-aula-un-valor-imprescindible-fete-ugt-2

une valeur essentielle tant pour la réussite scolaire de chaque élève que pour le développement collectif. On considère qu'il remplit la double fonction de faciliter la communication entre des personnes de cultures différentes et de contribuer au maintien de la diversité linguistique qui selon l'UNESCO – facilite la construction d'une société plus juste et plus équitable. En même temps que sont fournies aux élèves les stratégies adéquates pour vivre ensemble dans un monde global, la construction d'une identité sûre est soutenue, dans laquelle la langue maternelle joue un rôle fondamental dans le développement de la pensée et des émotions ou la construction d'identités d'appartenance à une communauté.

En suisse, L. Gajo (2013)[63] évoque dans ses travaux l'exemple de l'école genevoise qui accorde une importance croissante au développement simultané de la langue de scolarisation et des langues d'origine, en développant aussi des projets et des supports didactique, tout en assurant une formation des enseignants.

En Italie, M. Biasutti, E. Concina et S. Frate (2020) font état de la complexité de la tâche des enseignants et de leurs besoins de formation dans ce contexte plurilingue et migratoire.

Au Canada, concernant l'éducation des enfants CRIS, R. Di Maio et J. F. Dupeyron (2020) constatent des difficultés importantes : « L'école – et plus largement l'éducation formelle – est un des lieux de pouvoir où se jouent le sort et l'avenir des cultures minoritaires, des singularités individuelles et des populations dominées ». Ces enfants subissent selon eux un double choc : celui de l'enracinement et celui du déracinement.

Au Mexique, certaines expériences nous montrent plus de liens entre les cultures en présence comme le souligne V. Rebolledo (2018) p. 39 :Dans des classes où les élèves viennent apprendre l'espagnol mais dont la première langue est une langue indigène ici le chinanteco, plusieurs modalités de prise en charge sont décrites : soit la langue des élèves est exclue, soit elle bénéficie d'un statut et l'élève peut l'utiliser en classe, la chercheuse note ainsi : « *La interacción verbal en este caso se daba continuamente en una combinación constante entre variantes de las dos lenguas, creando un ambiente de "multivocalidad"*»(Rebolledo,

---

[63] https://edudoc.ch/search?ln=fr&p=gajo&f=&c=Monographien&c=Zeitschriftenartikel&c=Parlamentarische+Dokumentation&c=Archivierte+Dokumente&c=Offizielle+Dokumente&c=Zeitschriften&c=Film&sf=&so=d&rg=10&fti=1

2015a). L'interaction verbale dans ce cas était une combinaison constante entre plusieurs variantes des deux langues et créait une ambiance de multivocalité. Pour la chercheuse il s'agit de considérer la classe comme une « confluence » de locuteurs qui utilisent différentes langues et différentes variantes qui favorisent une communication fluide. Elle parle de multivocalité.

Dans ce même pays, dans les écoles normales, se développent des formations pour mieux accueillir les élèves migrants. J. Jimenez Neftali Quintana, par exemple, propose une formation pour enseigner aux élèves migrants, à l'école normale fédérale Benemérita Fronteriza de Mexicali (Benuff) en Basse Californie. Après avoir constaté qu'en 2017–2018, plus de 53 000 élèves d'origine étrangère sont arrivés dans les écoles d'enseignement de l'État, on y dénombre en 2019 plus de 180 nationalités différentes, et cette tendance, dans cette zone frontalière des Etats Unis ne cesse d'augmenter. Ainsi, l'enseignant chercheur a pu identifier la nécessité de former ses étudiants, futurs enseignants, aux stratégies d'inclusion. Deux options sont proposées une sur l'éducation transnationale et internationale et une autre option sur l'accueil des enfants migrants avec trois axes principaux : la connaissance des enfants migrants, les textes officiels, et l'intervention éducative.[64]

En Espagne, les chercheurs mettent également l'accent sur la nécessité d'une formation des enseignants. R. M. Rodríguez-Izquierdo, I. González Falcón, C. Goenechea Permisán (2020) ont mené une étude qui s'intéresse aux représentations des enseignants concernant la diversité linguistique et leurs approches de l'enseignement de l'espagnol langue de scolarisation dans l'inclusion des élèves migrants, dont la langue maternelle n'est pas l'espagnol. À partir d'une étude qualitative dans des écoles multiculturelles d'Andalousie, les résultats montrent que les enseignants ont encore des représentations monolingues et des approches assimilationnistes et qu'ils attachent une grande importance au rôle que l'espagnol langue de scolarisation joue pour les élèves migrants. Les résultats ont indiqué la nécessité d'une formation professionnelle pour les enseignants afin de promouvoir le plurilinguisme.

---

[64] https://www.benuff.com/programas.html

Ces études non exhaustives, menées dans divers pays montrent bien cet enjeu majeur pour une société inclusive qu'est la formation des enseignants qui peut développer des approches plurielles et une véritable sociodidactique du plurilinguisme.

Conclusion

Notre approche des langues et en particulier des langues minoritaires comme l'occitan s'est donc enrichie d'une approche didactique, en lien avec le terrain scolaire, nous menant ainsi à explorer plus récemment le champ de la sociodidactique et à envisager l'enseignement/apprentissage des langues et cultures en fonction aussi de leur contexte social.

Ainsi la sociolinguistique en diachronie nous a permis de brosser le portrait de locuteurs souvent méprisés socialement et qui ont renoncé à l'emploi de leur langue maternelle et familiale en contexte scolaire. Cette impossibilité de pratiquer sa langue, souvent douloureuse, nous a incitée à mettre en parallèle leur situation avec celle des locuteurs d'autres langues minoritaires et permet de questionner le concept d'intégration tel qu'il a été mis en œuvre dans l'École Française. Plusieurs expériences concernant l'occitan mais aussi le basque enrichissent notre réflexion sur l'importance de la diversité linguistique inclusive.

Le point de vue des langues minoritaires endogènes permet de s'intéresser à celui des locuteurs d'autres langues minoritaires, exogènes, tout comme à celui des réfugiés.

Le monolinguisme d'état, la non prise en compte des langues des élèves, l'afflux d'enfants allophones réfugiés dans les classes interrogent les pratiques enseignantes et à ce titre, la recherche.

La situation des Élèves Allophones Nouveaux Arrivants nous confronte ainsi à la question de l'altérité et de l'inclusion.

Aussi, pour analyser les langues en contexte scolaire, le concept d'altérité linguistique nous a paru pertinent car il dépasse la simple allophonie mais permet de prendre en compte les langues en présence au prisme d'une école inclusive.

Pour améliorer la prise en charge linguistique dans le cadre d'une école inclusive, il semble nécessaire de modifier les représentations et ce concept d'altérité linguistique pourrait y participer.

Ainsi, les représentations modifiées, le plurilinguisme assumé et non plus subi par les enseignants, la différenciation, l'instauration d'une sécurité linguistique pourraient permettre le développement d'approches plurielles et la mise en place d'une sociodidactique du plurilinguisme.

Des formations à l'altérité linguistique et aux pratiques plurilingues à destination des enseignants et des futurs enseignants permettraient d'améliorer l'inclusion linguistique et les compétences langagières de tous les élèves, allophones ou non.

L'apport méthodologique de la recherche participative, nous a ouvert de nouvelles perspectives. En effet, la recherche participative permet d'envisager une collaboration avec les acteurs de terrain, et avec d'autres chercheurs. Elle permet de concevoir des projets collaboratifs plurilingues souvent créatifs qui pourront dynamiser la mise en place de cette didactique du plurilinguisme.

Transdisciplinarité et plurilinguisme ont présidé à nos travaux depuis le début de nos recherches.

Notre expérience d'encadrement, et l'ensemble de nos recherches oriente nos travaux vers la nécessité du développement de formation des enseignants. Les questions de minoration et de reconnaissance du plurilinguisme en particulier dans le contexte éducatif sont centrales pour accéder à une approche sociodidactique des langues minoritaires ainsi que celle des langues et cultures en général et engager des processus d'« appropriation de compétences plurilingues et pluriculturelles » (Candelier 2013). En lien avec l'actualité de l'éducation et de l'école inclusive, nous abordons la question de l'altérité linguistique.

Enfin pour M. Abdallah Pretceille (2004 p .56), l'Autre est au cœur de la communication, la notion prioritaire n'est pas celle de culture mais celle d'altérité.

C'est l'existence de la diversité des langues du monde qui participe à protéger et faire vivre cette altérité.

Ainsi, pour M. Soares (2020) : si une langue dessine un monde, le multilinguisme qui en confronte plusieurs, est sans aucun doute le garant de sa transformation et de son devenir, afin qu'aucun ne prétende dominer l'Autre ou l'effacer.

Liste des abréviations récurrentes

ATSEM :	Agent territorial spécialisé des écoles maternelles.
CAFIPEMF :	Certificat d'aptitude aux fonctions d'instituteur ou de professeur des écoles maître formateur.
CAPA-SH	Certificat d'aptitude professionnelle pour les aides spécialisées et la scolarisation des élèves en situation de Handicap.
CAPOC :	Centre d'animation pédagogique en occitan.
CARDIE :	Conseil académique en recherche-développement, innovation et expérimentation.
CASNAV :	Centre académique pour la scolarisation des élèves allophones nouvellement arrivés.
CARAP :	Cadre de référence pour les approches plurielles des langues et des cultures.
CECRL :	Cadre européen commun de référence en langue.
CIRDOC :	Centre international de recherche et de documentation occitane.
CLIS :	Classe pour l'inclusion scolaire.
CREO :	Centre régional de l'enseignement de l'occitan.
CRPE :	Concours de recrutement de professeur des écoles.
EAC :	Éducation Artistique et Culturelle.
EANA :	Élève allophone nouvellement arrivé.
EFIV :	Enfants issus de familles itinérantes et de voyageurs.
ELODIL :	Éveil au langage et ouverture à la diversité linguistique.
ESPE :	École supérieure du professorat et de l'éducation devenue en 2019
INSPE :	Institut national supérieur du professorat et de l'éducation.
EVLANG :	Éveil aux langues.
FELCO :	Fédération des enseignants de langue et culture d'oc.

FLE : Français langue étrangère.
FLSCO : Français langue de scolarisation.
INOC : Institut occitan.
MEEF : Métiers de l'enseignement, de l'éducation et de la formation.
SEGPA : Section d'enseignement général et professionnel adapté.
UPE2A : Unité pédagogique pour élèves allophones arrivants.
ULIS : Unité localisée pour l'inclusion scolaire.

Table des Schémas

- Schéma n 1 Affectivité et enseignement des langues minoritaires 68
- Schéma n 2 Les grands axes d'une formation à l'altérité linguistique 84
- Schéma n 3 Sociodidactique du plurilinguisme 117

Bibliographie

Abdallah Pretceille, M. (2004). *L'éducation interculturelle*. Que sais-Je, Paris : PUF.

Aguirre, A., Sales A. y Escobedo P. (2014). *Construyendo la escuela intercultural inclusiva desde el diagnóstico social participativo*. XI Congreso Internacional, XXXI Jornadas de Universidades y Educación Inclusiva: La Escuela Excluida. Castelló de la Plana: Publicacions de la Universitat Jaume I, (724): 08-04-2014.

Alén Garabato, C. (2006). Enseigner l'occitan / en occitan aujourd'hui : un parcours du Combattant, *Éla. Études de linguistique appliquée*, no 143(3), 265–280. Doi :10.3917/ela.143.0265.

Aristote, trad. et commentaire Michel Magnien, *Poétique*, Paris, Le Livre de Poche, coll. "Classiques", 2011 [1990], 216 p.

Armand, F. (2013). Former les enseignants à œuvrer en contextes de diversité : une priorité au Québec, *Québec français*, 168, 83–85.

Armand, F. et Maraillet, E. (2015). Quelques principes clés de l'enseignement-apprentissage du vocabulaire chez les élèves allophones, bilingues et plurilingues, *Québec français* (175), 48–51

Arocena Egaña, E., Cenoz, J., & Gorter, D. (2015). Teachers' Beliefs in Multilingual Education in the Basque Country and Frieseland, Journal of immersion and content-based language education, 3, 169–193. 10.1075/jicb.3.2.01aro.

Auger, N. (2007). Enseignement des langues d'origine et apprentissage du français : vers une pédagogie de l'inclusion, *Le français aujourd'hui*, 158(3), 76–83. https://doi.org/10.3917/lfa.158.0076

Auger, N. et Kervan, M. (2010) Construction identitaire et compétence plurilingue/pluriculturelle : des principes à la mise en œuvre de séquences interdisciplinaires (projet européen Conbat+), *Tréma* [En ligne], 33–34 | 2010, mis en ligne le 01 décembre 2012, consulté le 20 décembre 2020. URL : http://journals.openedition.org/trema/2524 ; DOI : https://doi.org/10.4000/trema.252

Atxaga, B. (2015). *Shola et les lions.* Genève : La joie de lire.

Atxaga, B. (2004). Historia de Urkizu, in *Nuevos Rumbos*, 2°année. Paris : Didier. p. 82

Atxaga B. (2003). *Soinujolearen semea*, Iruñea, Pamiela.

Azurmendi, M.-J., Bachoc, E. Zabaleta, F.(2001). The case of basque, in J. Fishman (Dir.). *Threatened languages be saved?* Clevedon: Multilinguals Matters, 234–259.

Barry, V. (2018). L'école inclusive au prisme de l'altérité, *La nouvelle revue – Éducation et société inclusives*, 82(2), 9–25. Doi :10.3917/nresi.082.0009.

Barry, V., & Benoit, H. (Dir.). (2018). Les élèves et l'altérité, *La Nouvelle Revue. Éducation et société inclusives, 82*, Suresnes, éditions de l'INSHEA.

Beacco, J.C. (2018). *L'altérité en classe de langue, pour une méthodologie éducative.* Paris : Didier.

Beacco, J-C. et Byram, M. (2003). *Guide pour l'élaboration des politiques linguistiques éducatives en Europe. De la diversité linguistique à l'éducation plurilingue.* Strasbourg, France : Editions du Conseil de l'Europe.

Benbassa, E. (2010). *Dictionnaire des racismes, de l'exclusion et des discriminations.* Paris : Larousse.

Bernié, J.P. (2002). L'approche des pratiques langagières scolaires à travers la notion de « communauté discursive » : un apport à la didactique comparée ?, *Revue Française de Pédagogie*, 141, 77–88.

Bertrand, G. A. (2014). *Traces Mémoires musulmanes en cœur de France.* Neuchâtel : Chaman (2e ed.).

Bertrand, G.A. (2013). *Dictionnaire étymologique des mots venant de l'arabe, du turc et du perse.* Paris : L'harmattan (2e ed). 134

Bertucci, M..M. (2007). Enseignement du français et plurilinguisme, *Le français aujourd'hui*, 156, 49–56. DOI : 10.3917/lfa.156.0049. URL : https://www.cairn.info/revue-le-francais aujourd-hui-2007-1-page-49.htm.

Biasutti, M., Concina E.& Frate S. (2020). Working in the classroom with migrant and refugee students: the practices and needs of Italian primary and middle school teachers, *Pedagogy, Culture & Society*, 28:1, 113–129, DOI: 10.1080/14681366.2019.1611626

Blanchaud, C. C. (2018). L'atelier d'écritures poétiques : outil de transmission de la poésie ?, *Cahiers d'Agora* 1 – Écritures créatives et processus de création.

Blanchet, P. (2004). Revisiting the sociolinguistics of Occitan: a presentation the sociolinguistics of occitan southern France revisited, *International journal of the sociology of language*, 169, 1–17.

Blanchet, P.et Chardenet, P. (2011). *Guide pour la recherche en didactique des langues et des cultures*. Paris : Éditions des archives contemporaines.

Blanchet, P. et Kervran M. (Dir.) (2016). *Langues minoritaires locales et éducation à la diversité. Des dispositifs didactiques à l'épreuve*. Paris : L'harmattan.

Blanchet, P. (2017). *Discriminations : combattre la glottophobie*, Paris : Textuel.

Bourdieu, P. (1982). *Ce que parler veut dire. Fayard* : Paris.

Bourhis, R. Y. et Lepicq D. (2002). Aménagement linguistique et vitalité des communautés francophone et anglophone du Québec, *Lapurdum* [En ligne], 7 | 2002, mis en ligne le 01 juin 2009, consulté le 21 janvier 2019. URL :http://journals.openedition.org/lapurdum/981 ; DOI : 10.4000/lapurdum.981

Bower, K. (2019). Explaining motivation in language learning: A framework for evaluation and research, *The Language Learning Journal*, *47*(5), 558–574. https://doi.org/10.1080/09571736.2017.1321035

Boyer, H. (2016). L'accent du Midi. De la stigmatisation sociolinguistique à l'illégitimation politico-médiatique, *Mots. Les langages du politique* [En ligne], 111, 49–62 | 2016, mis en ligne le 10 septembre 2018, consulté le 23 mai 2019. URL : http://journals.openedition.org/mots/22338 ; DOI : 10.4000/mots.22338.

Boyer, H. (2010). Les politiques linguistiques, *Mots. Les langages du politique* [En ligne], 94|2010, mis en ligne le 06 novembre 2012, consulté le 16 janvier 2017. URL : http://mots.revues.org/19891

Bucheton, D. et Soule, Y. (2009). Les gestes professionnels et le jeu des postures de l'enseignant dans la classe : un multi-agenda de préoccupations enchâssées, *Éducation et didactique*, 3, 29–48.

Calvet, L.J. (1999). *Pour une écologie des langues du monde*. Paris : Plon.

Campos, I.O. (2018). Lengua minoritaria y docencia, ¿Insatisfacción laboral o síndrome de burnout? Reflexiones de los maestros de aragonés sobre casi dos décadas de su enseñanza en la Educación Infantil y Primaria, *Profesorado. Revista de Currículum y Formación de Profesorado*, *22*(2), 247–267. Doi:10.30827/profesorado.v 22i2.7722

Candelier, M. (dir.) (2003). *Evlang – l'éveil aux langues à l'école primaire – Bilan d'une innovation européenne*. Bruxelles : De Boek – Duculot.

Candelier, M., & Castellotti, V. 2013. Didactique(s) du (des) plurilinguisme (s), in Simonin, J., & Wharton, S. (Eds.), *Sociolinguistique du contact : Dictionnaire des termes et concepts*. Lyon : ENS Éditions. Doi : 10.4000/books.enseditions.12435.

Causa, M. (2010). La formation initiale des enseignants européens : apprendre à s'adapter et à s'éduquer au plurilinguisme, *Les Cahiers de l'Asdifle, 21*, 41–50.

Causa, M. (2012). Réflexions autour de la mise en place d'une éducation au(x) Plurilinguisme (s) en formation initiale à l'enseignement des langues, *DIRE*, 2, Université de Limoges.

Cayla J.A. M. (1836). *Chroniques du midi légendes toulousaines*. Toulouse : J.B Paya imprimeur libraire.

Cenoz J. and Gorter, D. (2006). Linguistic landscape and minority languages, in D. Gorter (Ed.), *Linguistic Landscape: A New Approach to Multilingualism*. Clevedon: Multilingual Matters, 67–80.

Chardenet P. (2010). Faire de la recherche en didactique des langues un outil global et contextuel au service des systèmes éducatifs, *Synergie Brésil* 8, 39–46.

Chardenet P (2020). *Tendencias editoriales y multilingüismo*, UREditorial Universidad del Rosario https://dx.doi.org/10.12804/issne.2382-3135_10 336.21607_teur https://repository.urosario.edu.co/handle/10336/21607 Bogotá, Colombia • 2020 Especial ISSN 2382-3135.

Châteaureynaud, M.-A. (1999). Pratiques et représentations de l'occitan en Aquitaine : les dénominations dans L. Fauré, A. Bessac, J.-F. Courouau, L. Sarah (ed.), *Discours, textualité, et production de sens : Etats de la jeune recherche*, Praxilingue. 178–188.

Châteaureynaud, M.-A. (2007). Pratiques et représentations de l'occitan en Aquitaine, in A. Viaut (Dir), *Variable territoriale et promotion des langues minoritaires*. Pessac : Maison des sciences de l'homme, 143–154.

Châteaureynaud, M.-A. (2014). *New technology and minority language learning: How to use interactive tools to develop Occitan language*, Valencia: INTED Proceedings: 7624–7629. ISBN: 978-84-616-8412-0., ISSN: 2340-1079.

Châteaureynaud, M.-A. (2014). *Occitan e navèras tecnologias*, ‚Occitània en Catalonha: de tempses novèls, de novèlas perspectivas, in A. Carrerras e

Bibliographie

I. Grifolls (Dir.), Actes de l'XI^{en} Congrès de l'Associacion Internacionala d'Estudis Occitans, (p. 391-399): Generalitat de Catalonha.

Châteaureynaud. M.-A. (2014). Minority language and new technologies three case studies, *ICT for language learning*. Firenze p. 472: ISBN (9788862925488) Libreriauniversitaria.it.

Châteaureynaud Marie-Anne. (2015). Culture heritage, language learning and ICT, *ICEILT* Granada. Edited by: Science KNOW Conferences ISBN: 978-84-944311-3-5.

Châteaureynaud, M-A. et Oroz Aguerre, M. (2016). Plurilingüismo y literatura infantil: la aventura plurilingüe con una obra de Bernardo Atxaga, in AINCIBURU. (Ed.) *Actas del* Tercer Congreso *Internacional en Lingüística Aplicada a la Enseñanza de Lenguas: En camino hacia el plurilingüismo*. Madrid: Nebrija Procedia. https://www.nebrija.com/la_universidad/servicios/procedia.php.

Châteaureynaud, M.-A. et Piot, C. (2016). L'escòla Occitana d'estiu, centre de formation associatif, in P. Dávila y L. M. Naya (Dir.). *Espacios y Patrimonio histórico educativo*, coordinadores, Donostia, (p. 245 à 259) Donostia: Erein, ISBN: 978-84-9746-821-3.

Châteaureynaud, M.-A. (2017). Inclure ou exclure l'enjeu des langues à l'école, *Klesis* 38, 74-84, ISSN 1954-3050.

Châteaureynaud, M.-A., et Piot, C. (2018). L'EOE, l'Escòla Occitana d'Estiu, centre de formation associatif et ses fondateurs Marceau Esquieu, Christian Rapin et Jean Rigouste, *Lengas* 84 [En ligne], |, mis en ligne le 15 juillet 2018, consulté le 17 janvier 2019. URL : http://journals.openedition.org/lengas/1771 ; DOI : 10.4000/lengas.1771.

Châteaureynaud, M.-A., et Piot, C. (2018). Histoire des maîtres bilingues français/occitan en Aquitaine Une première approche, in Luis Mª Naya, Marie-Anne Chateaureynaud, Paulí Dávila (Dir.). *Hizkuntzak, Ondarea eta Identitateak. Hezkuntza ikuspegia Lengas, patrimòni e identitats. Perspectiva educativa: Lenguas, patrimonio e identidades. Perspectiva educativa: Langues, patrimoine et identités. Perspective éducative Languages, Heritage and Identities. An Educational Perspective,* Colección "Políticas educativas y educación inclusiva serie educación Memoria, historia y patrimonio educativo": Delta publicaciones.

Châteaureynaud, M.-A. et Oroz Aguerre M. (2019). Aventure littéraire plurilingue en contexte scolaire frontalier : développement des compétences de lecteurs chez les élèves allophones à travers la lecture d'une œuvre longue et de ses différentes traductions, Shola et les lions, de Bernardo Atxaga, *Strenæ* [En ligne], 14 | 2019, mis en ligne le 05 avril 2019, consulté le 10 juin 2019. URL : http://journals.openedition.org/stre nae/3114 ; DOI : 10.4000/strenae.3114.

Chervel, A. (1977). *Histoire de la grammaire scolaire*, Paris : Payot.

Chervel, A. (2008). *L'orthographe en crise à l'école. Et si l'histoire montrait le chemin* ? Paris : Retz.

Cortier, C., (2009) Propositions sociodidactiques face à la diversité des contextes. Vers une didactique convergente des langues collatérales et de proximité : éducation bi/plurilingue et projets interlinguistiques, *Synergies Italie* n° 5 pp. 109–118

Coste, D., Moore, D. & Zarate, G. (1997). *Compétence plurilingue et pluriculturelle*, Strasbourg, Ed. du Conseil de l'Europe

Costa, J., Lambert, P. et Trimailles, C. (2013). Idéologies, représentations et différenciations

sociolinguistiques : quelques notions en question, in C. Trimaille et J.-M. Eloy, (Dir.). *Carnets d'Atelier Sociolinguistique, Idéologies linguistiques et discriminations*. 226–246.

Connac S. (2020) *La coopération, ça s'apprend. Mon compagnon quotidien pour former les élèves en classe coopérative.* ESF Sciences Humaines

Courouau J.-F. (2005). L'invention du patois ou la progressive émergence d'un marqueur sociolinguistique français XIII–XVIIe siècles, *Revue de linguistique romane* 273–274, Strasbourg, 186–225.

Curchod Ruedi, D. et Ramel, S., Bonvin P., Albanese O. et Doudin, P.-A.(2013). *De l'intégration à l'inclusion, implication des enseignants et importance soutien social*, European Journal of Disability Research,7, 135–147.

Dávila Balsera, P. et Naya Garmendia., L. M. (2018). Las voces de una generación de maestros y maestras que defendían una escuela renovada, vasca y popular. *RIDPHE_R Revista Iberoamericana Do Patrimônio Histórico-Educativo*, 4(2), 283–305. https://doi.org/10.20888/ridphe_r.v4i2.9661.

Derivry-Plard M., Alao G. Yun-Roger S. Suzuki E. (2014). *Dispositifs éducatifs en contexte mondialisé et didactique plurilingue interculturelle*, Transversales vol. 38. Berne : Peter Lang.

Deyrich, M.C .et Olivé, S. (2004). Quelle(s) articulation(s) entre le français langue de l'école et les langues étrangères ou régionales ? Une exploration de la transférabilité des apprentissages à l'école élémentaire ?, *Repères* 29, 23–41.

Di Maio R. et Dupeyron J.F (2020), *Passer ou ne pas passer les frontières culturelles, éducation et frontières*, chapitre 5, p. 63 à 74, dir. M. Fabre et Husser A.C. PURH

Di Meglio, A. & Sorba, N. (2020). La construction du citoyen par l'enseignement polynomiste, un projet sociétal, *Éla. Études de linguistique appliquée*, 197(1), 61–72. https://doi.org/10.3917/ela.197.0061

Dörnyei, Z., & Ushioda, E. (2011). *Teaching and Researching Motivation* (2nd ed.). Harlow: Longman.

Dubiner, D.; Deeb, I.; Schwartz, M. (2018). 'We are Creating a Reality': Teacher Agency in Early Bilingual Education, *Language, Culture and Curriculum*. 31, 255–271. doi.org/10.1080/07908318.2018.1504399.

Escudé, P. (2007) *Programme Euromania: un outil scolaire européen au service de l'intercompréhension,* Actes du Colloque international de Lisbonne, 2007, Diálogos em intercompreensão, Universidad Catolica editora, 39–47.

Filhon A. et Paulin M. (2015). *Migrer d'une langue à l'autre* Paris : La documentation française.

Fishman, J. (2001). *Can threatened languages be saved?*, Clevedon, Multilingual Matters.

Freinet, C. (1925). Chacun sa pierre, une expérience d'adaptation de notre enseignement : L'imprimerie à l'école, *Ecole Emancipée*, 8.

Frisa, J.-M. (2017). *Accueillir un élève allophone à l'école élémentaire,* Collection : Agir, CRDP. Paris : Canopé.

Gajo, L. (2006). D'une société à une éducation plurilingues : constat et défi pour l'enseignement et la formation des enseignants, *Synergies Monde* 1, 62–66.

Gajo, L. (2013). *Promotion des langues et cultures d'origine des élèves de l'enseignement primaire* avec la collaboration de Coppey-Lanzer M. et Zurbriggen E. https://edudoc.ch/search?ln=fr&p=gajo&f= &c=Monographien&c=Zeitschriftenartikel&c=Parlamentarische+ Dokumentation&c=Archivierte+Dokumente&c=Offizielle+ Dokumente&c=Zeitschriften&c=Film&sf=&so=d&rg=10&fti=1

Galisson R. & Coste, D. 1976, *Dictionnaire de didactique des langues*, Paris, CLE International.

Gaonac'h, D., & Macaire D. (2019). *Les langues dès le plus jeune âge à l'école*. Paris : CNESCO. http://www.cnesco.fr.

Gardner, R. C. (2005). *Integrative motivation and second language acquisition*. Canadian Association of Applied Linguistics/Canadian Linguistics Association Joint Plenary Talk.

Gaudreau, L., Legault, F., Brodeur, M., Hurteau, M., Dunberry, A., et Seguin, S.P. (2008). *Rapport d'évaluation de la politique de l'adaptation scolaire*. Québec : Ministère de L'Éducation, du Loisir et du Sport.

Gardy, P. (2001). *Dix siècles d'usage et d'images de l'occitan : des troubadours à l'Internet*, avec Henri Boyer, Paris : L'Harmattan.

Girault J. (2009). *Pour une école laïque du peuple ! Instituteurs militants de l'entre-deux-guerres en France*, Paris : Éditions Publisud, 492 pages, p. 84–92.

Gohard-Radenkovic, A. (2014). *Malelingue*. Atti del Seminario "Malelingue, Mauvaises langues, Bad Tongues and Languages", Macerata 4–5 Aprile 2013 a cura di Danielle Lévy e Mathilde Anquetil, eum x quaderni n. 13 | anno 2014.

Goigoux R. (2015). *Lire et écrire, Influence des pratiques d'enseignement de la lecture sur la qualité des premiers apprentissages*, Rapport de recherche, Université de Lyon, IFE, ENS de Lyon.

Gorter, D. (2006). Introduction: The Study of the Linguistic Landscape as a New Approach to Multilingualism, *International Journal of Multilingualism* 3(1): 1–6 *with* 2,091 Reads DOI: 10.1080/14790710608668382.

Gorter D., Cenoz J. & Van der Worp K. (2021) The linguistic landscape as a resource for language learning and raising language awareness, Journal of Spanish Language Teaching, DOI: 10.1080/23247797.2021.2014029

Hawkins, E. (1984). *Awareness of Language. An Introduction*. Cambridge: Cambridge University Press.

Graci I., Rispail M., Totozani M. (2017). *L'arc-en-ciel de nos langues, Jalons pour une école plurilingue*, L'harmattan.

Hélot, C., Sneddon, R. & Daly, N. (eds.) (2014). *Children's literature in Multilingual Classrooms: From Multiliteracy to Multimodality*. London: IOR Press.

Bibliographie

Héran, F. (1993). L'unification linguistique de la France, in *Population et société, bulletin mensuel d'information de l'institut national d'études démographiques*, l'INED, 285.

Héran, F., Filhon, A., Deprez, C. (2002). La Dynamique des langues en France au fil du XXe siècle, *Bulletin mensuel d'information de l'institut national d'études démographiques*, 376.

Inesta Mena, E. y Pascual Diez, J. (2015). Didáctica para el plurilingüismo en la formación de maestros: estudio empírico desde el Prácticum, *Aula Abierta* 43 94–101 https://doi.org/10.1016/j.aula.2014.12.001.

Ivic I. (1994). Lev. S. Vygotsky (1896–1934), *Revue trimestrielle d'éducation comparée*, vol. 24, n° 3/4.

Jaubert, M. et Rebière, M. avec la collaboration de E. Carrière. (2016). Le langage, un outil pour questionner l'articulation espace cognitif et activité des élèves, in Cohen-Azria, M.-P. Chopin et D. Orange-Ravachol, (Dir.). *Questionner l'espace*, Villeneuve d'Asq : Presses Universitaires du Septentrion, 51–65.

Jaubert M., et Rebière M. (2016). Le langage, objet et outil en classe de français : un exemple en vocabulaire, *La Lettre de l'AIRDF*, 59, 40–46 ; doi : https://doi.org/10.3406/airdf.2016.2089 https://www.persee.fr/doc/airdf_1776-7784_2016_num_59_1_2089.

Jaubert, M. et Rebière, M. (2011). Enseigner le français langue de scolarisation à l'école Primaire : au carrefour de multiples univers de croyances, in J. Aden, T .Grimshaw,. et H. Penz (Dir.)., *Enseigner les langues-culture à l'ère de la complexité*, Berne : Peter Lang.

Jauréguiberry. F. (2008). La langue basque en France : du stigmate au désir. hal-00934837.

Klein, H. G., Meissner, F. J., et Stegman, T. (2004). *Didac EuroComRom – Les sept tamis : lire les langues romanes dès le départ. Avec une introduction à la didactique de l'eurocompréhension*, Editions EuroCom éditées par H. G. Klein, F.-J. Meissner, T. Stegmann et L. N. Zybatow Vol. 6.

Kirsch, C. & Aleksić G. (2018). The Effect of Professional Development on Multilingual Education in Early Childhood in Luxembourg, *Review of European Studies 10* (4), 148–163.

Kremnitz, G. (Dir.) (2013). *Histoire sociale des langues de France*. Rennes : Presses Universitaires de Rennes.

Lafont, R. (1989). Trente ans de sociolinguistique occitane (sauvage ou institutionnelle), *Lengas*, 25, 13–25.

Lafont, R. (1992). La situation sociolinguistique de la France, in Henrio Giordan (dir.). *Les Minorités en Europe.* Paris : Kimé.

Lagarde, C. (2012). Le colonialisme intérieur d'une manière de dire la domination à l'émergence d'une sociolinguistique occitane, *Linguistiques et colonialismes, Glottopol* 20. Revue de sociolinguistique en ligne.

Lagarde, C. (2019). La impotència de les "llengües regionals" a França, a la Proposition de loi relative à la promotion des langues régionales n° 4096, *Treballs de Sociolingüística Catalana,* 29.

Lapeyronnie, D. (2003). Quelle intégration ?, in B. Loche et C. Martin (Dir.), *L'insécurité dans la ville.* Paris : L'Œil d'or.

Letor, C., Enthoven ; S.et Dupriez, V. (2016). L'influence conjointe des outils pédagogiques et du travail collaboratif sur le changement de représentations et de pratiques des enseignants, *Les dossiers des sciences de l'éducation,* 35, 37–55.

Levinas, E. (1982). *Éthique et infini.* Paris : Fayard.

Liddicoat, A. and Taylor Leech, K. (2014). Micro language planning for multilingual education: agency in local contexts. *Current Issues in Language Planning,* 15 (3). pp. 237–244. https://doi.org/10.1080/14664208.2014.915454

Little, D., et Simpson B. (2011). *Expérience et conscience interculturelles* Portfolio européen des langues – Maquettes et ressources Biographie langagière, Conseil de l'Europe.

Maire Sandoz, M.O. (2008). Un arbre polyglotte, *Diversité* n° 153, p .155

Manoïlov, P. (2019). *Les acquis des élèves en langues vivantes étrangères.* Paris : Cnesco.

Mellet, B. (2020). *Frères et Langues occitanes,* archives Lassallienne https://www.archives-lasalliennes.org/docsm/2020/2009_occitan.php

Mendonça Dias, C. (2016). Les difficultés institutionnelles pour scolariser les élèves allophones arrivants, in Maïtena Armagnague-Roucher et Jean-François Bruneaud, *École, migration, discrimination, Les Cahiers de la Lutte contre les Discriminations* (LCD) n° 2.

Martel, P. (2007). *L'école française et l'occitan. Le sourd et le bègue.* Montpellier : Presses

Milhe, C. (2020), Les étranges relations au béarnais de Bourdieu, *Lengas* [En ligne], 87 | 2020, mis en ligne le 18 août 2020, consulté le 10 décembre

2020. URL : http://journals.openedition.org/lengas/4401 ; DOI : https://doi.org/10.4000/lengas.4401

Miguel Addisu V. et Maire Sandoz M.O. (2016). Apprendre à lire au CP dans une classe multilingue : le plurilinguisme des élèves comme ressource didactique ?, *Repères*, 52|2016, 59–76

Miguel Addisu, V., et Thamin N. (dir.) (2020). Recherches collaboratives en didactique des langues, *Enjeux, savoirs, méthodes*, Véronique Miguel Addisu et Nathalie Thamin (dir.) Édition électronique URL : http://journals.openedition.org/rdlc/7272 DOI : 10.4000/rdlc.

Monjo, R. (2013). Muriel Briançon, L'Altérité enseignante, *Éducation et socialisation* [En ligne], 33 | mis en ligne le 01 septembre2013, consulté le 29 mai 2019. URL : http://journals.openedition.org/edso/20.

Moro M.R. (2013). Grandir en situation transculturelle, coll. "Temps d'arrêt", Bruxelles.

Nebrija de, A. (1492). *Prólogo de la gramática castellana*.

Nynyoles, R. (1969). *Conflicte linguistic*. Valencià: ed. Tres I Quatre

Odoyo Okal, B. (2014). Benefits of Multilingualism in education, *Universal Journal of Educational Research* 2(3): 223–229, http://www.hrpub.org DOI: 10.13189/ujer.2014.020304.

Ó Murchadha, N.; Flynn, C.J. (2018). Educators' Target Language Varieties for Language Learners: Orientation toward 'Native' and 'Non native' Norms in a Minority Language Context, *Modern Language Journal*, 102, 797–813.10.1111/model.12514.

Oustinoff, M. (2012). L'anglais ne sera pas la lingua franca de l'Internet in Netlangue, *Réussir le cyberespace multilingue*, Paris : C&E éditions, p. 55.

Oustinoff, M. (2013). La diversité linguistique, enjeu central de la mondialisation, *Revue française des sciences de l'information et de la communication* [En ligne], 2 | mis en ligne le 01 janvier 2013, consulté le 09 décembre 2018. URL : http://journals.openedition.org/rfsic/328 ; DOI : 10.4000/rfsic.328.

Pedley, M. (2018). Approche inclusive des langues en situation minoritaire le cas de l'Écosse. Thèse de linguistique sous la direction d'Alain Viaut [non publiée].

Perregaux, C. (2004). Prendre appui sur la diversité linguistique et culturelle pour développer aussi la langue commune, *Repères, recherches en didactique du français langue maternelle*, n° 29, 2004. Français et langues étrangères et régionales à l'école. Quelles interactions ? sous la direction de Gilbert Ducancel et Diana-Lee Simon. Pp. 147–166. DOI : https://doi.org/10.3406/reper.2004.2617

Petit, J. (1998). *Francophonie et dons des langues*. Reims : Presses Universitaires de Reims.

Pérez-Izaguirre,E., Châteaureynaud M.A. & Amiama J.F. (2021) Teachers' view on the elements that enhance and hamper Basque and Occitan teaching in southern France: an exploratory approach, Diaspora, Indigenous, and Minority Education, 15:3, 151-165, DOI: 10.1080/15595692.2021.1929154

Puren, C., Costanzo E., Bertocchini P. (1998). L'enseignement-apprentissage de la culture, dans *Se former en didactique des langues*, pp. 52–67. Paris : Ellipses, Rééd. 2001.

Puren, C. (2008). *La didactique des langues-cultures entre la centration sur l'apprenant et l'éducation*. Conférence prononcée dans le cadre du Colloque international de Tallinn (Estonie) les 8–10 mai 2008. APLV : https://www.aplv-languesmodernes.org/ article 1774.

Rayou, P. (2015). *Sociologie de l'éducation*, Puf.

Rebolledo, V. et Rockwell, E. (2018), La diversidad lingüística como condición de trabajo docente y recurso de enseñanza : el caso de una escuela unitaria en Oaxaca, *Cahiers de la recherche sur l'éducation et les savoirs* [En ligne], 17 | 2018, mis en ligne le 15 juillet 2018, consulté le 22 novembre 2020. URL : http://journals.openedition.org/cres/3452

Ricoeur, P. (1990). *Soi-même comme un autre*. Paris : Seuil.

Rigoni, I. (2017). Accueillir les élèves migrants : dispositifs et interactions à l'école publique en France. *Alterstice*, 7(1), 39–50. 2017.

Ripolles, P. et Al. (2014). The Role of Reward in Word Learning and Its Implications for Language Acquisition, *Current Biology*. DOI: 10.1016/j.cub.2014.09.044. Source: PubMed.

Rispail, M. (2006). Le français en situation de plurilinguisme : un défi pour l'avenir de notre discipline ? Pour une sociodidactique des langues et des contacts de langues, *La Lettre de l'AIRDF*, n° 38, 2006/1. pp. 5–12 ; doi : https://doi.org/10.3406/airdf.2006.1687 https://www.persee.fr/doc/airdf_1776-7784_2006_num_38_1_1687

Rodríguez-Izquierdo, R. M., González Falcón, I., Goenechea Permisán, C. (2020). Teacher beliefs and approaches to linguistic diversity. Spanish as a second language in the inclusion of immigrant students, *Teaching and*

Bibliographie

Teacher Education, Volume 90,2020,103035,ISSN0742051X https://doi.org/10.1016/j.tate.2020.103035. (http://www.sciencedirect.com/science/article/pii/S0742051X18312046).

Sauzet, P. (2012). Occitan, de l'importance d'être une langue, in *Cahiers de l'Observatoire des pratiques linguistiques*, pp. 87–106. hal-00990205.

Sauzet, P. (2019). *Présentation dictionnaire Français Occitan Occitan Français*, ed Yoran Embanner.

Semerano, M. et Vergari L. (2013). *Les langues de chat*, ed. Dulala.

Silhouette, M. et Hannequart, J. M., (2016). *L'évolution de l'enseignement des langues vivantes en France : massification et uniformisation*, URL http://theconversation.com/levolution-de-lenseignement-des-langues-vivantes-en-france-massification-et-uniformisation-2, page consultée le 7 avril 2016.

Soares, M. (2020) *Multilinguisme et Altérité*, UR Editorial Universidad del Rosario https://dx.doi.org/10.12804/issne.2382-3135_10336.21607_teur https://repository.urosario.edu.co/handle/10336/21607

Spaëth, V. (2014). *La question de l'autre en didactique des langues*. Glottopol, Université de Rouen, Laboratoire Dylis, Inaccessibles, altérités, pluralités : trois notions pour questionner les langues et les cultures en éducation. halshs-01322990.

Stratilaki-Klein, S. (2019). Les domaines d'intervention du professeur de L2, *Le professeur de Langue 2 dans l'enseignement bilingue*, chap. 2 p. 11 ed. ADEB

Surre Garcia, A. (2006). *Les Orients de l'Occitanie ou Influences d'al-Andalus en pays d'oc*, Colloque Occitanie Al Andalus, ISTR Toulouse.

Tauveron, C. (2002). (dir.), *L'aventure littéraire dans la littérature de jeunesse : quand le livre, l'auteur et le lecteur sont mis en scène dans le livre*, Canopé, CRDP de Grenoble, coll. Documents, actes et rapports pour l'éducation.

Terral, H. (2014). La question de la « pédagogie régionaliste » à partir des années 1900 : le cas de la langue d'oc de Mistral aux *Calandretas*. *Carrefours de l'éducation*, 38(2), 51–64. Doi :10.3917/cdle.038.0051.

Trimaille, C., Éloy, J.M. (2013). *Idéologies linguistiques et discriminations*, Carnets d'atelier de sociolinguistique, 6,268 pages.

Trimaille, C. (2017). Les langues et leurs usages comme facteur de discrimination, *La Clé des Langues* [en ligne], Lyon, ENS de LYON/

DGESCO (ISSN 2107–7029), mars 2017. Consulté le 21/05/2019. URL : http://cle.ens-lyon.fr/plurilangues/a-trier/les-langues-et-leurs-usages-comme-facteur-de-discrimination

Vergnes, I., Tuheil, C. (2019). *L'occitan un appui naturel au plurilinguisme.* Colloque Afirse.

Vernaudon, J., Paia, M. (2014). *L'école plurilingue en outre-mer : Apprendre plusieurs langues, plusieurs langues pour apprendre*, PUR.

Verny, M.J. (2011). *Fiche pédagogique : ressources pour l'enseignement de l'occitan*, https://www.vousnousils.fr/fiche-pedagogique/fiche-pedagogique-ressources-pour-lenseignement-de-loccitan

Verny, M. J. (2011). L'enseignement de l'occitan en 2009–2010. Un état des lieux, in Ksenija Djordjevic, Gisèle Pierra, Eléonore Yasri-Labrique (dir.). *Diversité didactique des langues romanes*, Coll. « Latinus », vol. 1, Montpellier : éd. Cladole, p. 191–211.

Verny, M. J, (2019). Enseigner l'occitan : de l'opprobre au désir ?, Revue *TDFLE*, n° 1–2019 [en ligne].

Viaut, A. (1996). *Langues d'Aquitaine, dynamiques institutionnelles et patrimoine linguistique*, avec la collaboration de Jean-Jacques CHEVAL. Talence : Maison des Sciences de l'Homme d'Aquitaine.

Videgain, J. (2003) *La langue basque ou euskara : incertitudes et faits avérés* https://www.clio.fr/bibliotheque/La_langue_basque_ou_euskara_incertitudes_et_faits_averes.asp

Wieworka, M. (2008). L'intégration : un concept en difficulté, *Cahiers internationaux de sociologie*, 125(2), 221–240. Doi :*10.3917/cis.125.0221*.

Young, A. et Helot, C. (2003). Language Awareness and/or Language Learning in French Primary Schools Today, *Language Awareness* 12 (3&4). Royaume Uni, Clevedon : Multilingual Matters, p. 234–246.

Young, A., et Helot, C. (2006). La diversité linguistique et culturelle à l'école : Comment négocier l'écart entre les langues et les cultures de la maison et celle(s) de l'école ?, in Hélot & al , *Écarts de langue, écarts de culture. A l'école de l'Autre*, Francfort : Peter Lang, p. 207–226.

Zarate, G. (1994). La relation à l'altérité dans la formation des enseignants, *Triangle*, 12, p. 49–65.

Zarate, G. (1993). *Représentations de l'étranger et didactique des langues*, Paris, CREDIF, 128 p. (ISBN 2-278-04311-0).

Enquêtes, Rapports et textes officiels

AA/VV (2017a). VI. Enquête sociolinguistique 2016 https://files.eke.eus/pdf/euskara-pays-basque-2016.pdf

AA/VV (2017b). VI. Enquête sociolinguistique 2016 https://files.eke.eus/pdf/euskara-pays-basque-2016-2.pdf

AA/VV (2017c). VI encuesta sociolingüística del euskara https://www.euskadi.eus/contenidos/informacion/argitalpenak/es_6092/adjuntos/Resumen_VI_Encuesta_Socioling%C3%BC%C3%ADstica_EAE_%202016_1.pdf

ANR. Appel à projets https://anr.fr/fileadmin/aap/2020/aapg-2020-Guide.pdf

BOPV (2007). Decreto 175/2007 del Boletín Oficial del País Vasco https://www.euskadi.eus/bopv2/datos/2007/11/0706182a.pdf

COMMISSION EUROPÉENNE. (1996). Euromosaic production et reproduction des groupes linguistiques minoritaires au sein de l'union européenne commission européenne, Luxembourg, Office des publications officielles des communautés européennes.

CNESCO. (2016). Comment l'école amplifie les inégalités sociales et migratoires.

CNESCO. (2019). Langue vivantes étrangères : comment l'école peut-elle mieux accompagner les élèves ? Dossier de synthèse. https://www.cnesco.fr/fr/langues-vivantes.

DEGESCO. (2011). Fiche interlangue l'art de vivre ensemble swww.crdp-montpellier.fr/languesregionales/.../ressources_meop_2de.pdf.

DEGESCO. (2010). Bilan des innovations et expérimentations 2009–2010 http://www.univirem.fr/IMG/pdf/ANNEXES_Bilan_national_des_innovations_et_experimentations_2009-2010.pdf.

EDUSCOL (2013). Liste de références pour la littérature de jeunesse https://cache.media.eduscol.education.fr/file/Litterature/80/6/LISTE_DE_ReFeRENCE_CYCLE_2_2013_238806.pdf.

Eke-icb (2020). Instituto Cultural Vasco https://www.eke.eus/en/kultura/euskara-the-basque-language/history-of-euskara

EUSTAT (2020). Instituto Vasco de Estadística https://www.eustat.eus/estadisticas/tema_460/opt_0/tipo_1/ti_uso-del-euskera/temas.html

EVASCOL. (2018). Étude sur la scolarisation des élèves allophones nouvellement arrivés (EANA) et des enfants issus de familles itinérantes et de voyageurs (EFIV). Coordination du projet : Maïtena Armagnague-Roucher et Isabelle Rigoni https://www.defenseurdesdroits.fr/sites/default/files/atoms/files/rapport_evascol...

Loi n° 2005-380, le 23 avril 2005, article L 312-10. JO du 24 avril 2005 (BOEN n° 18, 5 mai 2005).

Manoïlov, P. (2019). Les acquis des élèves en langues vivantes étrangères. Paris : Cnesco.

Ministère de l'Education Nationale. (2015). *Socle commun de connaissances, de compétences et de culture, Bulletin Officiel* n° 17 du 23 avril 201

OPLB (2020). Office Public de la langue basque https://www.eke.eus/fr/repertoire-artistes-acteurs-basques/euskararen_erakunde_publikoa https://www.mintzaira.fr/fr/la-langue-basque/situation-socio-linguistique.htmlOPLO (2020) Office Public de la langue occitaine https://www.ofici-occitan.eu/fr/presentation-de-loffice/

Programme d'enseignement de l'école maternelle arrêté du 18-2-2015-J-O du 12-3-2015

Rapport Taylor et Manes-Bonnisseau. Propositions pour une meilleure maîtrise des langues vivantes étrangères le 12 septembre 2018. Oser dire le nouveau monde. Ministère de l'éducation nationale.

Mémoires soutenus à l'ESPE d'Aquitaine ou à l'INSPE de l'académie de Bordeaux, non publiés

Brut, J. (2015). *EANA en cycle 3 Quelle prise en charge pour ces élèves.* Mémoire de Master MEEF sous la direction de M. A. Châteaureynaud 2014–2015, Espe d'Aquitaine.

Camou Junca, M. (2016). *Eveil aux langues en maternelle.* Mémoire de Master MEEF sous la direction de M. A. Châteaureynaud, Espe d'Aquitaine.

Couture J. (2020). *Sensibilisation des élèves de cycle 2 au plurilinguisme par les approches Plurielles,* Mémoire de Master MEEF sous la direction de M. A. Châteaureynaud, INSPE de l'Académie de Bordeaux.

Darmaillac, A. (2018). *Initier des élèves entendants à la LSF : quels enjeux ?* Mémoire de Master MEEF sous la direction de M. A. Châteaureynaud, Espe d'Aquitaine.

Bibliographie

Dubuis, L. (2018). *Création d'un manuel en français langue de scolarisation.* Mémoire de Master MEEF sous la direction de M. A. Châteaureynaud, Espe d'Aquitaine.

Dulau, N. (2019). *Ouvrir à la diversité linguistique : l'éveil aux langues en grande section de maternelle* .Mémoire de Master MEEF sous la direction de M. A. Châteaureynaud, INSPE de l'Académie de Bordeaux.

Garcia, M. (2020). *Mettre en avant la diversité linguistique des élèves dans les classes de cycle 2 et de cycle 3.* Mémoire de Master MEEF sous la direction de K. Stunell.

Marchetto, M. (2017). *Eveil aux langues et éducation à la citoyenneté.* Mémoire de Master MEEF sous la direction de M. A. Châteaureynaud, ESPE d'Aquitaine.

Postel, S. (2019). *Eveil aux langues et éducation au multilinguisme.* Mémoire de Master MEEF sous la direction de M. A. Châteaureynaud, INSPE de l'Académie de Bordeaux.

Seguy, M. (2015). *L'accueil des élèves allophones à l'école élémentaire.* Mémoire de Master MEEF, sous la direction de P. Escude, ESPE d'Aquitaine.

Massignon, M. (2020). *L'éveil à la diversité linguistique en maternelle.* Mémoire de CAFIPEMF.

Mémoire publié:

Fagete, A. (2017). *Eveil à la diversité linguistique en maternelle*, Mémoire de Master MEEF sous la direction de M. A. Châteaureynaud, Espe d'Aquitaine. HAL Id : **dumas-01896588, version 1**

Champs didactiques plurilingues : données pour des politiques stratégiques

La collection « Champs didactiques plurilingues » vise à promouvoir les travaux et recherches autour de l'enseignement / apprentissage des langues étrangères à partir du triple ancrage sujets – objets – contextes et de leurs dynamiques propres et interagissantes. La collection se déploie sur trois volets : un volet « La recherche en mouvement » destiné aux chercheurs, aux étudiants-chercheurs et aux praticiens-chercheurs ; un volet « Savoirs pour savoir faire » destiné plus particulièrement aux étudiants, aux praticiens et aux décideurs; un volet « Échanges de la recherche » pour des articles écrits à partir de communications de colloques et congrès.

« Champs didactiques plurilingues » publie des livres en anglais, français, espagnol ou portugais.

Directeur de collection : Patrick Chardenet

Comité scientifique

Frédéric Anciaux, INSPE Guadeloupe (France)
Maria Helena Araújo e Sá, Universidade de Aveiro (Portugal)
Philippe Blanchet, Université de Haute Bretagne Rennes 2 (France)
Jean-Marc Defays, Université de Liège (Belgique)
Christian Degache, Université Grenoble Alpes (France)
Fred Dervin, Helsingfors Universitet (Finlande)
Piet Desmet, Katholieke Universiteit Leuven (Belgique)
Olivier Dezutter, Université de Sherbrooke (Canada)
Enrica Galazzi, Università Cattolica del Sacro Cuore (Italie)
Laurent Gajo, Université de Genève (Suisse)
Tony Liddicoat, University of Warwick (Royaume-Uni)
Eliane Lousada, Universidade de São Paulo (Brésil)
Bruno Maurer, Université Paul-Valéry, Montpellier 3 (France)
Dominique Macaire, Université de Lorraine (France)
Danièle Moore, Simon Fraser University (Canada)
Christian Ollivier, Université de La Réunion (France)
Rosana Pasquale, Universidad Nacional de Luján (Argentine)
Fabián Santiago, Université Paris 8 Vincennes - Saint-Denis & CNRS (France)
Haydée Silva, Universidad Nacional Autónoma de México (Mexique)
Francis Yaiche, Université de Paris (France)

Ouvrages parus

Savoirs pour savoir faire

Vol. 1 – Laurent Puren et Bruno Maurer (dir.), *La crise de l'apprentissage en Afrique francophone subsaharienne. Regards croisés sur la didactique des langues et les pratiques enseignantes.* 2018.

Vol. 3 – Kaouthar Ben Abdallah et Mohamed Embarki, *Éducation et formation en contexte plurilingue maghrébin. Problématiques entre didactique et politique linguistique éducative.* 2020.

Vol. 4 – Maria Helena Araújo e Sá & Carla Maria Ataíde Maciel (eds.), *Interculturalidade e plurilinguismo nos discursos e práticas de educação e formação. Contextos pós-coloniais de língua portuguesa.* 2021.

Vol. 9 – Haydée Silva (dir.), *Regards sur le jeu en didactique des langues et des cultures. Penser, concevoir, évaluer, former.* 2022.

La recherche en mouvement

Vol. 2 – Jue Wang Szilas, *Apprendre des langues distantes en eTandem. Une étude de cas dans un dispositif universitaire sino-francophone.* 2020.

Vol. 5 – Pierre Demers, *Elements of Second and Foreign Languages Teaching to Indigenous Learners of Canada. Theories, Strategies and Practices.* 2021.

Vol. 6 – Francisco Lorenzo, Virginia de Alba Quiñones, Olga Cruz-Moya (eds.), *El español académico en L2 y LE. Perspectivas desde la educación bilingüe.* 2022.

Vol. 7 – Zehra Gabillon, *Apprentissage de langues additionnelles dans un cadre scolaire plurilingue. Langues autochtones, étrangères, régionales et patrimoniales.* 2022.

Vol. 8 – Marie-Anne Châteaureynaud, *Sociodidactique du plurilinguisme et de l'altérité inclusive. Des langues régionales aux langues des migrants.* 2022.

www.ingramcontent.com/pod-product-compliance
Lightning Source LLC
Chambersburg PA
CBHW061718300426
44115CB00014B/2742